励ます力

— 主によって強く生きる —

ビル・ジョンソン

長田晃 訳

Originally published in English under the title
Strengthen Yourself in the Lord
Published by Destiny Image
167 Walnut Bottom Rd. Shippensburgh
PA 17257-0310 USA

本書をランディ・クラーク牧師に献げます。あなたの謙遜と誠実さと情熱により、大勢の人々が多大な影響を受けてきました。私もその一人です。あなたからいただいた励ましと支援は、私の人生にいつまでも残る記念碑として堅く据えられています。奇跡の人生を歩み続ける方法を教えてくれたことを、心から感謝しています。ありがとう、ランディ。

目次

序文

今は勇敢で強くなければならない時です。勇気と信仰がこれほど必要になった時代はないと思います。暗い時代だから、そういうのではありません。教会がまだ実現を見ていない神の約束の領域が広がり、誰かが信仰と勇気をもって、その実現を信じ、新たな可能性に挑戦することを待っているからです。

勇気ある生き方をするためには、励ましが必要です。時として、あなたを励ますことができるのはあなただけです。自分を力づける方法を知らないことによって、教会は多くの損失を被っています。それは昇進への鍵です。ダビデの最も暗い瞬間が、その励ましの力によって、神の御座につながる扉に変わったのです。皆さんにとっても、同じことが起こるでしょう。自分を励まし、力づける方法を学んだなら、使命を全うし、神によって生まれた夢を実現させ、イエスを正確に表す人になることができます。世にイエスを示すことができるのです。

第一章　ダビデが引き上げられた理由

†巨人を倒したいなら、巨人を倒した実績のある人に学ばなければならない†

ダビデは成し遂げた数々の功績よりも、神を求める心の偉大さによって知られています。この点においては、聖書の登場人物の中でも飛び抜けています。ダビデは軍隊を率いて大勝利を勝ち取り、イスラエルの礼拝に革命をもたらし、経済的にも霊的にもイスラエルの黄金時代を築きました。しかしダビデが選ばれたのは、そのような偉大な働きをする能力があったからではなく、むしろ神を求める情熱のゆえでした。ダビデはまだ無名の頃から、御心にかなった人として、神の目に留まっていました。（使徒の働き一三・12参照）

ダビデの心が神に喜ばれた理由は何でしょうか。聖書によると、王として油注がれる前に、二つの主な特徴がダビデの生活の中に見られました。

第一に、誰にも見られていない時に、ユダで祈祷会もリバイバル集会も開かれていない時に、父の羊の世話をしながら、野原で神に祈り、心を注ぎ出して礼拝を捧げていたのです。周りに誰もいない時、ダビデはただ神ご自身を深く知りたいという願いをもって、神を求め続けていました。

ダビデと主の関係は、当時としては珍しいものでした。イスラエルにおいて礼拝とは、罪を一時的に処理するための動物のいけにえを捧げることであり、心からの讃美を捧げるという認識はなかったからです。ダビデは熱心に神を求めるあまりに、旧約の律法を越えて、神ご自身の心にまで届くようになりました。

第二に、ダビデは羊を飼いながらライオンや熊と戦い、神に全き信頼を寄せて勝利を得ました。これはダビデの神に対する心が、環境によって揺れ動くことのない堅固なものであったことを物語っています。ダビデには誠実な志があったのです。（第一サムエル一七・37参照）

治める者として訓練される

神は御心にかなった人物を見つけた後、すぐに羊飼いの立場から王宮へと引き上げたわけではありません。ダビデがサムエルによって油注がれた後、王座に着くまでに、一〇年から一三年以上の年月が経っています。この間に、普通の人たちが一生の間に体験するくらいの苦難と迫害と拒絶に耐えなければなりませんでした。王になるのに、それほどの期間を要するとは、ダビデ自身予想していなかったことでしょう。

対照的に、サウルはそのような困難を通過しませんでした。サムエルによって油注がれた後、すぐに王位に着きました。しかし、神はもう一人のサウルが必要とは思われませんでした。イスラエル人が王を求めた時点では、サウルは最善の人物でした（第一サムエル八・6参照）。しかし、王座に着く前に、訓練され、整えられるということがなかったのです。サウルには、王としてイスラエル軍を勝利へと導き、民を養い育てるための油注ぎがある程度与えられていました。けれども、個人的な戦いに勝利することによって練られる人格の力を備えていなかったので、公の勝利がかえって神に対する心の弱さを明らかにする結果になったのです。

その弱点と、人に気に入られたいという欲求とが重なり、サウルは自分に栄光を帰し、主に不従順の罪を犯してしまいました。サウルの心は充分な訓練とテストを受けていなかったので、成功をもたらすために与えられたものが、反対に自分を破壊することになったのです。

こういうわけで、ダビデは主を慕う心を最初から持っていましたが、さらに何年間も試され、王という栄光と責任を扱うことができるように整えられました。ダビデの人生におけるこの時期の聖書箇所を読むと、多くの教訓を学ぶことができます。私たちが神にあって使命を果たすために、どのような人格の訓練を受ける必要があるのか、教えられることがたくさんあります。しかし、いったいどの段階で、ダビデは王としてふさわしい資格があると認められたのでしょうか。神が「ついにあなたは王としての準備ができた」と言われたのはいつでしょうか。

私はこう思います。ダビデが最悪の裏切りと拒絶を体験した時、どのように反応するのか。それがテストに合格するかどうかの分かれ目であったのです。そのような孤独な立場に立たされた時、「ダビデは彼の神、主によって奮い立った。」（第一サムエル三〇・6）と聖書は記しています。

拒絶の役割

ダビデが直面した試練には段階があったことに注目すると、王座に着くための最終的なテストで正しい選択をすることができた意義を理解することができます。

ダビデが油注がれた後の人生を、簡潔に要約してみましょう。

ダビデの人生（ダイジェスト版）

ダビデの人生は明らかな成功から始まりました。ダビデは主と親しい交わりを重ねることによって、他のイスラエル人にはないほどの偉大な勇気を持つようになりました。生ける神の軍隊をなじる敵に対しては、義憤にかられました。武具も身に付けず、一人でゴリアテに立ち向かい、走り寄って、その巨人とペリシテ軍全体に対して偉大な勝利を収めたのです。

この功績によって、イスラエルの民とサウル王の両方から特別な好意を得るようになりました。その結果王宮に入り、王の息子の親友となり、王の娘と結婚したのです。状況から見て、サムエルの預言はすぐにも成就するかに見えました。

しかしその頃、サウルは女性たちが町で歌っている歌の内容を伝え聞きました。
「サウルは千を倒した。そしてダビデは万を倒した。」
妬みに駆られたサウルは、ダビデを殺す方法を考え始めました。サウルの槍から逃れた後、ダビデはエルサレムを離れなければ、生き残ることはできないという非情な現実に直面しました。この悪霊に憑かれた男が自分の王宮を離れ、一〇年もの間、執拗にダビデを追いかけて来るとは、その時点では予想もしなかったことでしょう。

サウルはダビデを拒みました。ダビデが王として訓練されるためには、取り巻く環境が自分の使命に完全に逆らっているように見える時でも、神の語られた言葉を信頼して歩む能力を試される必要がありました。

エルサレムを離れ、しばらくの間あちらこちらに身を隠している時、ダビデはもう一つの試練に遭いました。ペリシテ人からケイラの村人たちを救い出したのです。ダビデの居場所がサウルに知られた時、ダビデは主に尋ねました。サウルは追いかけて来るでしょうか。そして、今自分が救い出したばかりの同胞であるユダヤ人たちは、自分を守ってくれるでしょうか、それともサウルに引き渡すのでしょうか。

神はダビデに答えて言われました。
「サウルは追いかけて来るだろう。そして彼らは、あなたをサウルに引き渡すであろう。」

ここでも拒絶を体験し、ダビデは荒野に逃げて行きました。この頃には、ダビデに付き従う群れが形成されつつありました。しかし、それはいったいどんな人たちだったのでしょうか。

また、困窮している者、負債のある者、不満のある者たちもみな、彼のところに集まって来たので、ダビデは彼らの長となった。（第一サムエル二二・2）

集まって来たのは、社会の落ちこぼれたちです。ダビデはこの人たちを受け入れ、その後一〇年にわたって教え導き、人生と戦いの両方において成熟してゆくのを助けました。ダビデの指導によって、この落ちこぼれたちは、「力ある勇士たち」と呼ばれるようになったのです。

興味深いことに、この勇士たちのうち、少なくとも四人はダビデと同様に巨人を倒しています。皆さんがもし、巨人を倒せるようになりたいと願うなら、実際に巨人を倒した実績のある人について行くのが最も有効な道です。

やがてダビデは男たちを引き連れてペリシテ人の地へ行き、ペリシテ人の王からツィケラグという地域を任せられました。ダビデはそこからイスラエルの敵を攻め、ペリシテ人たちのためにその戦いを推し進めていると思わせることに成功しました。

ある日、ペリシテ人たちは、イスラエルと戦うことを決めます。ペリシテ人の中には、ダビデを戦いに連れて行きたがる人たちが少なくありませんでした。ダビデの武勇と能力の高さを認めていたからです。しかし、ペリシテ人の領主たちは、ダビデを連れて行くことに反対しました。戦いの途中でダビデが寝返り、イスラエルのサウル王に自分たちの首を献げるようなことをしかねないと思ったのです。

このような批判と蔑みを受けた後に、ダビデと連れの者たちがツィケラグに戻ると、アマレク人によって町を襲われ、焼き払われた後でした。妻や子供たち、そしてすべての財産が奪われてしまいました。

ダビデが体験したこのような最悪の日を味わったなら、私たちの多くは匙《さじ》を投げてしまうでしょう。王に憎まれ、同胞のイスラエル人に裏切られ、その敵であったペリシテ人にも拒絶されたのです。（もし敵である悪魔にさえ見限られたとしたら、皆さんは明らかに最悪の日を迎えていると言えるでしょう。）

しかしこの瞬間に、ダビデは最も深い裏切りを体験します。町が焼き尽くされ、家族が誘拐されたのを見て、ダビデが手塩に掛けて育ててきた勇士たち、ダビデのおかげで社会の落ちこぼれから優秀な市民へと変えられていた男たちが、ダビデを石で打ち殺そうと言い出したのです。ダビデは長年、この男たちを忍耐強く導き、その家族を養い守ってきました。かつては社会に見放されていたこの者たちにさえ、ダビデは見放されたのです。

ダビデは拒絶されただけでなく、石で打ち殺されるところでした。彼らの反応と態度は、現代社会に一般的に見られる偏見とそれほど変わりません。問題が起こった時には、トップの責任者を取り除けばよいと、安易に考える人が多いのです。しかし、ダビデの付き人たちは、自分を落伍者の状態から救い出してくれた恩人であるダビデを裏切ろうとしていました。その拒絶はあまりにも深いものでした。

この瞬間、ダビデがどのように感じたかを聖書は記しています。

ダビデは非常に悩んだ。民がみな、自分たちの息子、娘たちのことで心を悩まし、ダビデを石で打ち殺そうと言いだしたからである。（第一サムエル三〇・6前半）

最も親しい友人に裏切られるとしたら、「非常に悩む」のは当然のことでしょう。しかし、ダビデはこの状況にどう反応したのでしょうか。自分の命を救うために逃げたのでしょうか。男たちに憤り、指導者としての自分の立場を弁護するために、自分が彼らの命の恩人であることを思い起こさせようとしたのでしょうか。そのどちらかを選び取る可能性は大いにあったでしょう。しかし、ダビデの反応はそのどちらでもありませんでした。

聖書はこう記しています。

しかし、ダビデは自分の神、主によって奮い立った。（第一サムエル三〇・6後半）

裏口から天の御座の部屋へ

怒りを爆発させて自分を石で打ち殺そうとしている男たちを前に、ダビデは自分の力や才能に頼るのではなく、神である主ご自身を力の源としました。神への信仰によって勇気が与えられ、「さあ男たちよ、立ち上がれ。妻や子供たちを取り戻そう！」と言うことができたのです。驚くべきことに、ダビデの従者たちが本心に立ち返るには、この言葉だけで充分でした。

主によって力づけられた指導者としての人格を表すことにより、男たちが人生の目的とビジョンに戻ることができるようにしたのです。ダビデが自分の悩みを乗り越え、人から拒絶されることにもつまずかずに前進できるように、神は力を与えてくださいました。そして家族を取り戻すために、勇士たちを再び集めることに成功したのです。ダビデが力強く男たちを励ました時、彼らは勇気を取り戻して心を一つにし、アマレク人たちを追いかけ、奪われたすべての人たちと財産とを取り返しました。

ダビデは主にあって自分自身を力づけ、プレッシャーに押し潰されることなく、個人的な打ち破りを体験することができました。それによって与えられた目的を忠実に果たし、周りの人たちをも勝利へと導けるようになったのです。この戦いで個人的な勝利を得ることにより、王座に至るドアの前に立ち続け、開かれるドアから入る準備が整いました。

ペリシテ人たちと出征することを阻まれたその戦いにおいて、サウル王とヨナタンは死を迎えました。それからしばらく後に、ダビデは王冠を頭に抱いたのです。ダビデにとって最も暗い試練の時は、実は王座に至るための扉でもありました。

いつまでも続く遺産

もちろん、話はそこで終わりません。ダビデが野原から王座へと昇進したことの意義は、後にダビデが残すことになる王としての遺産を見る時に、もっと明らかになります。ダビデは詩篇を書き、エルサレムで前例のない礼拝を始め、神殿を設計し、イスラエルを黄金時代へと導き入れました。それだけでも実に偉大な功績です。

しかし、ダビデは神にとって非常に重要な人物となったので、メシアの先駆けと呼ばれるようになりました。イエスは永遠にわたり、ダビデの王座に座るダビデの子として知られるのです。ダビデは神とともに影響力を及ぼし、特別な恵みを得た人物として、人類の歴史でさえも変えるようになったのです。

ダビデの生涯が聖書に克明に記されているのは、ただ私たちに「こんなすばらしい話がありますよ」と感動させるためではありません。ダビデが犯した罪について読めば、決してスーパーヒーローではなかったことがわかります。すべてのクリスチャンは、ダビデのような人生を送ることができるのです。

イエスが十字架上で血を流される何百年も前に、一人の罪人がそこまで神の恵みと好意を得ることができたとしたら、キリスト以後に生まれ、十字架の血潮で覆われた私たちは、なおさら大いなる使命へとつき進むことができるはずです。キリストに似た者となり、地上での神の働きを完成させるために用いられるのは、私たちです。

ヨハネは黙示録五章において、イエスにあって私たちに与えられている使命について述べています。それは天の住人たちが歌っている歌詞の中にあります。


あなたは、巻物を受け取り、その封印を解くのにふさわしい方。あなたは屠られ、その血により、あらゆる部族、国語、民族、国民の中から、神のために人々を贖い、私たちの神のために、この人たちを王とし、祭司とされました。私たちは地上を治めるのです。（黙示録五・9〜10英訳）

王とされ、祭司とされた私たちの地位がダビデに劣るものではないことを証明するために、エペソ書の著者は、私たちがキリストとともに天の所に座らせられたと記しています（エペソ二・6参照）。もしイエスが現在、ダビデの王座に座っているなら、私たちもともに座っているのです。

私たちが生きているこの時代に、主は一つの啓示を回復しておられます。イエスの血が流されたのは、罪から救い出すためだけではなく、私たちが王として祭司として、神と協力して働き、神の支配を地上にもたらすためであるという啓示です。私たちの足の裏が触れる所はどこでも、神の御国を築いていく権威が与えられています。

神は私たちを王と呼んでくださいます。しかし、実際にその地位にふさわしく歩むかどうかは、一人一人に与えられている「可能性」に過ぎません。ラリー・ランドルフ牧師が指摘するように、その可能性を最大限に生かすかどうかは神が決めることではなく、私たちの責任なのです。

神からの預言的な言葉が与えられる時、それが実現しないと、「神は約束を成就されなかった」と考える人が多くいます。しかし、預言的な言葉において語られているのは私たちの「可能性」であって、それを生かすかどうかは私たちの参加にかかっているのです。

神が願っておられるのは、私たちが神と同じように自由意志を持ち、自ら決断することのできる成熟したクリスチャンになることです。ですから、与えられた可能性を最大限に実現していくかどうかは、私たち次第です。成熟した人格を備えた人たちに、神はご自身の秘密を打ち明けられます。そのような人たちは、与えられた恵みを自分のためではなく、主の目的のために用いることができるからです。

増し加わる主の好意

民主主義国家に育った私たちは、神がある人に他の人よりも多くの好意を注ぐと聞いたら、葛藤を覚えるかもしれません。神の好意は、神の愛とは違います。神の愛の広さ、大きさは、あなたの行動によって変わるものではありません。しかし、「好意」については、イエスでさえ次第に成長して大きくなっていくのを経験されました。

ルカの福音書二章五二節の後半を詳しく訳すと、「イエスは背丈も伸び、神と人から受ける好意においても成長した」という意味になります。

この御言葉には驚きを感じます。人から好意を得るように成長していくことは理解できます。しかし、神からの好意を得るために成長する必要があったのでしょうか。イエスはあらゆる面で完璧な神の子です。しかし、イエスは私たちの模範となるために、神としての性質を用いず、人としてすべてのことを行われました。ですから、ダビデと同様、イエスも誘惑に遭わなければなりませんでした。

洗礼を受けられた時、聖霊が降りて来られ、油注ぎとして留まられました。そして、父なる神によって、神の子であると宣言されたのです。しかし、その後すぐにミニストリーを始めたのではなく、聖霊によって荒野に導かれました。そこで敵の誘惑を受け、特にイエスの上に語られたばかりの言葉について、挑発を受けました。

ルカの福音書に記されている荒野の誘惑の場面を読んでみてください。荒野に入って行く時、イエスは「聖霊に満ちた」状態でした。戻って来られた時には、「御霊の力を帯びて」おられたと記されています（ルカ四・1～14参照）。イエスはテストに合格されたので、神の可能性に生きるために注がれる好意が増し加わり、より大きな計りが与えられたのです。

イエスの上に増し加わった「好意」は、原語ではカリスと言います。神の目的を果たさせるために、神ご自身の能力と恵みが注がれることです。私たちが神にあって使命を果たしていくためには、イエスが模範を示されたように、神の好意を受けることにおいて成長しなければなりません。神のくださる好意は、栄光と力に満ちたものであり、軽々しいものではありません。ですから、あなたの人格の成長に応じて、扱うことができる範囲でくださるのです。こうして私たちは、栄光から栄光へ、信仰から信仰へ、力から力へと進んでいきます。

自分に奉仕する目的と意義

王として祭司として、与えられた可能性を最大限に生かすためには、人格を磨かなければなりません。それには、ダビデの人生から学んだように、自分自身を励まし、強めることのできる能力が必要となります。自分に奉仕する方法を知らなければ、神が与えられた使命を全うすることはできません。私たちが呼ばれた召しの性質を理解すれば、自分を励ます能力の大切さがわかるでしょう。

聖書はこう言っています。

彼らは地上を治めるのです。（黙示録五・10）

この御言葉の意味するところは、私たち一人ひとりが地上の置かれた場所で、周りの人々に影響を与える地位に立つ使命をいただいているということです。影響力の範囲と大きさは人によって違うでしょう。しかし、私たちは皆、社会のリーダーとして召されています。

人々をコントロールするために支配するという意味ではありません。神の御国において治める権威とは、他の人々に効果的に仕えるための神による能力のことです。王たちが国民に守りと繁栄を授けるように、神の国で仕える者たちは、自分の影響下にある人たちに安全と祝福を提供することができるようになります。

指導者の特質の第一は、率先して物事を行う性質であるといえるでしょう。ダビデは隠れた場所で率先して神を求める人であったので、指導者として成功することを神は知っておられたのです。神は私たちの中にも、率先して物事を行うという成熟した資質を求められます。

恵まれた聖会や大きな集団の中で、周りの勢いに乗って神を求めるのも良いことです。しかし、周りに誰もいない時、一人で神の御顔を求め、神の使命を全うできるように求めていく人こそが、神にあって自分を奮い立たせることのできる人です。試練の時にも神を求めることによって、自分を力づける方法を学んでいるなら、その人は個人的な打ち破りを体験し、周りの人たちに祝福を流し出す存在となるでしょう。

神によって自分自身を励まし、力づけ、奮い立たせる技術を磨いた人は、霊的な耐久性を身に付けることができます。私たちが与えられた可能性を最大限に発揮し、神に与えられた使命を全うするためには、神とともに歩むことを長く続けることが不可欠です。それらは数年で成し遂げられるものではなく、一生涯という時間のかかるものだからです。

こういう理由から、超自然的な働きを訓練するベテルのミニストリー・スクールで、私は生徒たちにこう言っています。

「神のために一年間燃え続けることは誰にでもできます。二〇年後に戻って来て、私にコーヒーをおごってください。その時、『私は今も燃えています！』と言うなら、あなたは本物です。」

訓練学校に生徒たちが在籍している間、多くの時間をかけて、自分を力づける方法とその道具について教えます。このような学校に犠牲を払って参加するということ自体が、率先して物事を行う資質が備わっている人たちであることを証明しています。しかし、自分の必要に対して奉仕し、自分を力づける方法を学んでいなければ、最初の新鮮な動機を長く保ち続けることは難しいのです。

残念ながら、多くのクリスチャン指導者たちは、この能力を磨いていないために、長い道のりの中で燃え尽きを体験し、中には道徳的な罪に陥る人さえもいます。

ここではっきりと区別してほしいのですが、自分を力づける方法を学ぶとは、独立独歩の精神に基づくライフスタイルを築き上げることとは違います。主を信じる人たちのライフスタイルは、キリストの体につながり、互いに仕え、愛し、支え合うものでなければなりません。しかし、神の好意を注がれて、周りの人たちを祝福する存在となるために、神はあえて私たちに困難と試練を許し、一人ぼっちになっても堅く立ち、乗り越えるようにと励まされることがあるのです。

その時には、神が私たちの友人や親しい人たちの目と耳を閉じ、試練の中に一人でいることに気づかれないようにされることがあります。私たちが他人に頼らず、主にあって自分自身を力づけ、奮い立つことを学ぶためです。この認識がないために、多くのクリスチャンがつまずき、試練の時に周りの人々が助けてくれなかったと思って、苦い思いを抱く結果になっています。神にとってこの課題を教えることがどれほど重要であるかを理解するなら、そのような罠を避けることができます。

勝利のライフスタイル

自分自身を励まし、力づけるためのいくつかの道具について、主は教えてくださいました。その道具と方法を分かち合うために、この本を執筆しています。聖書に出てくるすべての方法を列挙するのが目的なのではなく、私自身が試練の塹壕《ざんごう》の中にいた辛い日々に学んだ事柄を、いくつか分かち合おうとしているだけです。

神はあなたの武器庫にも、たくさんの武器と装備を用意されています。読み進めるにつれて皆さんがそのことに気づき、自分の人生に与えられている神の使命に関して、より深い確信を心に抱くようになることを願っています。神はあなたに大いなる勝利を体験させるために、たくさんの装備を与えてくださったのです。ただ毎日を何とか生き抜くためではなく、あなたの周りに神の支配を打ち立てるためです。

その勝利に立つために、与えられた道具を用いて自分を力づけるかどうかは、各自の責任です。皆さんには人生を左右する招待状が差し出されています。神の好意を受け、神とともに協力して働き、神に選ばれた王として、祭司として、歴史を形作る人物になることへの招待状です。このチャレンジを受けとめ、ともに立ち上がりましょう。

第二章　使命につながり続ける

†敵の策略は、私たちが持っている解決よりも問題が大きいかのように見せかけるという嘘を用いることである†

†神は決して私たちを失敗させない。ただ成長させてくださるだけである†

クリスチャン生活の様々な面にラベルを付けていくと、その項目の多さに圧倒されます。気を配らなければならないたくさんの責任があります。家族の内外の人間関係、職場、奉仕、地域のつきあい、伝道などです。その他にも祈り、聖書の学び、証、集会出席、断食など、クリスチャンとしての務めのリストには際限がありません。さらに困ったことに、私たちには単純な問題も複雑にしてしまう傾向があります。

けれどもイエスは、単純明快な生き方を貫かれました。無責任なのではなく、心配から解放された生き方をされたのです。ソロモンはこのすばらしい御国の生き方について、大切な鍵を心得ていました。

力の限り、見張って、あなたの心を見守れ。いのちの泉はこれからわく。(箴言四・23)

人生のすべての問題は、一つの中央の場所から流れ出る支流のようです。中央の場所とは心であり、その心をどう守っていくかによって、人生の結ぶ実に違いが生じます。

毎日、私たちは奥義と啓示の間の岐路に立たされています。私の仕事は、理解できない問題や悩みに直面する時、天の父なる神を信頼し、真理であるとわかっていることに意志を集中させることです。心を見張り、守ることにどれだけ成功したかによって、御国の勝利を人生に体験する度合いが決まります。言い換えれば、人の内側の現実が、しばしば外側の現実に影響を与えるのです。心が恵まれて繁栄しているなら、人生も恵まれ、繁栄するものとなります。

主にあって自分を力づけ、奮い立たせることは、心を管理するために不可欠な要素です。そのために私が学んだ道具のいくつかは、心の警告灯が光る時に、適切な応答をすることです。実際のところ、心が送るシグナルを認め、理解することができなければ、正しい反応をすることはできません。

車の給油ランプが点灯しているのに、慌てて洗車場に行って車を洗うとすれば、その警告灯の意味を全く理解していないことになります。本当の問題は別のところにあり、その問題に正しく対処していないので、やがて故障して止まってしまいます。

心の問題に関して言うなら、自分を主にあって力づけるために主から学んだ方法を正しく用いる唯一の方法は、思いの中に土台となる真理をしっかりと据えることです。神がどのような方であるか、神が私をどのような存在として創ってくださったのか、その真理を心に受け止めるのです。こうした基礎的な真理は、心の警告灯が点灯する時に、素早く問題に気づく助けになります。

自分を効果的に励まし、力づけるための道具をより良く理解するために、この章ではそのような考え方のいくつかを分かち合いたいと思います。そして第三章から、具体的な一つひとつの道具について説明していきます。

見つめることによって変えられる

あなたの考え方と心は密接につながっていることをご存知でしょうか。西洋的な思考方法によると、人間には「考える部分」と「感じる部分」があり、それらは異なるものであるとして、区別する傾向があります。心は感じ、知性は考える、というわけです。

しかし、聖書はこう言っています。

彼は心で考える通りの人間である。（箴言二三・7英訳）

実際、心を意味するヘブル語の単語の定義を見ると、内なる人の全体を指していることがわかります。あなたの心の中に、知性、想像力、意志、願い、愛情、思い出、良心といったすべてのものが含まれています。心はまた、神の御霊と交わるための中心的な場所であり、霊的な現実を受け止めるという機能を備えています。

聖書は、霊的なことを感じ取るそのような機能を、「あなたの心の目」と呼んでいます。つまり、心があるから信仰を抱くことが可能になります。

信仰は望んでいる事がらを保証し、目に見えないものを確信させるものです。（ヘブル十一・1）

心が聖霊の導きを受け、霊的な現実の目に見えない領域とつながることにより、信仰は成長していきます。目に見えない領域は目に見える領域を左右し、あなたの知性と意志が神の御国の現実に沿った状態になることを助けるのです。神の御心に従って心を一新させる過程においては、私たちの心の中でそのようなことが起こっていると言えます。

どのような霊の現実に心の焦点を当て、同意するかによって、その現実が人生の諸問題の中に流れ込んでくる許可を与えることになります。つまり、真理に基づく神の国の現実に焦点を当てるか、偽りに基づく敵の王国の破壊的な現実に焦点を当てるかによって、私たちの心に全く違った現実が入り込み、それは人生のあらゆる分野に影響を及ぼすということです。

どちらの霊的現実に焦点を当て、同意するかによって、違った力が働きます。この原則は、人生の諸問題は心に起因するという原則に、もう一つの次元を付け加えます。それは、「あなたは自分が見るもののようになる」という原則です。

前章で述べたように、私たちがどういう姿になれるかということを、神は明確に示してくださっています。人生を通じて、どれほどの可能性に召されているかを神は語られたのです。私たちは長子であるイエスの模範に従い、地上の王として、祭司として歩むことができます。ですから、ヘブル書にはこう書いてあります。

…イエスから目を離さないでいなさい。（ヘブル十二・2）

私たちが心の焦点を合わせ、いつも目に見ているもの。それが私たちの姿となります。だからこそ、イエスに焦点を置き続けることを目標とするのです。イエスご自身をどれだけ見ることができるか、その啓示の度合いに応じて、自分のアイデンティティ（私は何者かということ）と、神が与えてくださる目的とを理解することができます。イエスは父なる神を完全に表す方であり、私たちは神の似姿に創られているのです。

イエスを見つめるとは、単に聖書に登場するイエスの物語を読むということではありません。

イエスが地上におられた時、聖霊がイエスの内に、またイエスの上に留まり、天の父が何をなさり、何を語られるかを教えてくださっていました。その同じ聖霊が遣わされ、私たちの内側に留まってくださるために、イエスは十字架上で死なれたのです。聖霊が注がれている今、すべてのクリスチャンは神の臨在の顕れに絶えず触れることができる特権にあずかっています。

私たちは開かれた天です。しかし、一人ひとりは、その開かれた機会を用いなければなりません。イエス・キリストに心の焦点を合わせることによって、それが可能となります。そのような神との交わりを通して、私たちは神を知るようになり、その結果自分のアイデンティティと目的を悟るようになるのです。

そして神がどのような方かという啓示に同意する時、神の現実が私たちの人生に流れ込み始め、神の形に変えられるという変革を体験するようになります。このような主との親しい関係を培うことによって、人生のあらゆる分野で実を結ぶことができるのです。

見えない現実に同意する

私たちは主と交わることによって命の源である方につながり、王として祭司として生きるという永遠の目的を果たしていくことができるようになります。暗闇の勢力はそのことを理解しているので、私たちをその交わりの場所から引き離し、他のことに焦点を置くようにと仕向けるのです。

クリスチャンは委ねられた権威を用い、サタンの業を破壊するという務めを任されています。敵はそのことに気づいています。神の王国の目に見えない現実と、贖われていないこの世の状況との間にあるギャップを埋めることは、私たちの務めです。周りの目に見える状況は、より高い天の御国の現実に劣るものであり、御国の力に屈服して変えられていくべきものです。しかし、私たちの心と思いが御国の現実と一致していなければ、地上に神の支配をもたらすことはできないのです。

人生に起こってくる問題と葛藤は、天の現実と地の現実が合わないことによって生じます。敵の策略は、そのような問題が私たちに与えられている解決策よりも大きいという偽りを吹き込み、非難と脅しを浴びせることです。

見える領域と見えない領域が衝突する瞬間、神の計画と敵の計画の両方が存在します。私たちはいつも、そのどちらかに同意し、協力するのです。その選択をする時、神の計画と同意することを選ぶなら、試練は私たちの人格を建て上げ、信仰を強め、神の目的に従って歩むことができるように整えてくれるものとなります。その結果、神はご自身の恵みをもっと多く私たちに任せてくださるのです。

しかし、敵の計画に同意するなら、その試練は神から離れさせる誘惑となり、苦み、疑い、思い煩い、失望をもたらすものとなります。本来なら、迷わず正しい選択をできるようになるはずです。悪魔の計画に、誰が同意したがるでしょうか。神の計画はあまりにもすばらしく、比べるなら、他の計画はみな色褪せてしまいます。

私たちはみな、ネヘミヤのように振る舞う必要があります。イスラエルの敵が彼を町に誘い出し、オノの平地で話し合おうと持ちかけた時、ネヘミヤはこう答えました。

私は大きな仕事をしているから、下っては行けない。私がこの働きを離れてあなたのところへ下って行ったため、働きが止まるようなことがあってよいものだろうか。（ネヘミヤ六・3）

神が託された大切な働きをしていることを深く確信している時だけ、私たちは敵を無視することができます。「天になるごとく、地にも成されるように」という神ご自身のミッションに従う時、初めて私たちのコミッション（任務）を全うできるのです。神に情熱的に身を捧げ、神が与えられた身分と使命を堅く確信していなければ、道から逸らせようとする敵の魂胆に打ち勝つことはできません。

使命と目的を確信しなければ、敵の嘘を信じ、破滅を身に招くことになってしまいます。この確信と情熱を持ち続けるための秘訣は、すでに述べたように、主ご自身に目を留め、主が語ってくださる言葉にすがることです。

イスラエルはなぜ神との契約の内を歩み続けることができなかったのでしょうか。その理由に関して、最も鋭い説明は次の聖句にあります。

彼女は自分の使命を考えなかった。それで、驚くほど落ちぶれて、だれも慰める者がない。

（哀歌一・9英訳）

エルサレムにはすばらしい使命が与えられていました。しかし、そのことをよく考えなかったので、堕落していったのです。与えられていた偉大な可能性が大きいほど、落ちぶれた時の様子は悲惨な状態になります。人間は大きな破滅と悪に陥る可能性がありますが、それは逆に言えば大きな目的と可能性を秘めているということでもあります。

大きな使命へと昇って行くか、破滅へと落ちていくかは、私たちが何に焦点を当て続けるかにかかっています。この事実を知ったなら、私たちは主との親しい関係を何よりも優先し、慕い求める者へと変えられていくでしょう。

個人的な勝利と全体の祝福

もうお気づきだと思いますが、ダビデが耐えた試練は、自分が何者であるかというアイデンティティと使命に集中する能力を試すものでした。神が語られた言葉と矛盾するかのような環境に導かれ、テストされました。その状況で敵の策略を無視し、神が喜ばれる人格を築き上げることが、ダビデの責任でした。

神はこのように言っておられたのです。

「ダビデよ。あなたは私の心にかなった者であり、イスラエルの王としてあなたを召し、油を注ぎました。それはあなたに与えられた使命です。私は次のことを、あなたに尋ねます。

現在王の地位に座っている者があなたを追いかけ、その使命を邪魔しようとしても、あなたは私が望む王になりますか。

あなたが治めることになる民衆があなたを裏切って敵に渡そうとしても、あなたは私が望む王になりますか。

部下がこの世の負け犬のような人たちばかりであったとしても、あなたは私の望む王になりますか。

あなたの王宮が荒野の洞穴だったとしても、私が望む王になりますか。
あなたの親友があなたの命を取ろうとしても、私が望む王になりますか。
もしそのような中にあっても、主にあって自分を奮い立たせるなら、すべての状況が整う時、あなたは信頼される王として堅く立つことでしょう」

ダビデは試練の時に示した行動によって、語られた神の約束を堅く信じていたことを証明してみせました。同様に、私たちの人生に起こる困難な状況により、神が私たちの味方であり、神の約束が真実であることを本当に信じているかどうかが試されます。信仰とは、知性を通じて真理に賛成することではありません。神との関係を通して、神がどのような方であるかを知り、実際的に寄り頼むことです。

様々な状況の中で、他のどの声よりも神の声に耳を傾けることを選び、神が語られた言葉に基づいて行動するなら、私たちは神への信頼を表現していると言えます。ダビデが自分を力づけるために用いた道具は、その後も神と神の約束にダビデを結びつける働きをしていました。試練の中でダビデが取った行動は、神が語られた言葉と一致していたので、周りの人々にも神の目的を分かち合うことができたのです。

さらに思い切ったことを言うなら、ダビデが行なったことは、試練のずっと前からダビデが主とつながるために行なっていたことでもありました。荒野で出会うことになる試練に備えずに出かけることはありませんでした。神がダビデを荒野に導かれたのは、ダビデにはそれらの試練を乗り越える備えができていることをご存知であったからです。まだ王になる段階ではありませんでしたが、困難を取り扱う方法をすでに心得ていたのです。

人生の困難に直面する時、私たちは安心して神に寄り頼むことができます。神は私たちが試練に遭う前に、必ず勝利するための備えをあらかじめ与えてくださる方であるという真理を知っているからです。出エジプト記の記述を読むと、これに関する神の御性質を知ることができます。

さて、パロがこの民を行かせたとき、神は、彼らを近道であるペリシテ人の国の道には導かれなかった。神はこう言われた。「民が戦いを見て、心が変わり、エジプトに引き返すといけない。」

（出エジプト十三・17）

イスラエルがまだ準備のできていない困難に遭わないようにと、神はイスラエルを他の道に導かれました。このことから言えることは、私たちが備えのできている試練と戦いにだけ、神は導かれるということです。神は良い父です。私たちを失敗に陥れることはなさいません。ただ、成長させるためにテストがあるのです。自分の子供たちが取り扱うことができないような大きな課題を与える父親はいないでしょう。良い父である神はなおさらです。神は私たちを失敗させません。ただ成長させてくださいます。

啓示の礎石――神は良い方

危機に遭った時に恐れや思い煩いに悩むのはなぜでしょうか。信じる人たちの武器庫には充分な装備があります。敵はその事実に信者が気づかないようにさせるのです。予期せぬことが起こると、「これは青天の霹靂だ、いったいどうすればよいのか」と慌てるのはよくあることです。しかし、神は驚かれません。私たちがこれから直面することをご存知で、あらかじめ備えをさせてくださるのです。

神があらかじめ未来に起こることに備えをさせてくださると信じることは、簡単なことに聞こえます。しかし、困難に遭遇する時、そう信じているかどうかで反応に大きな違いが生じます。神が限りなく良い方であると堅く信じているなら、大きな課題に直面する時、主が与えてくださった道具を数え始めるでしょう。

「神は良い方。いつでも良い方である。」と信じて疑わない人は、力強い岩盤に支えられた人生を歩みます。神が良い方であることを疑い、頭で理解できないことを論理的に説明しようと努力することによって、しばしば間違った神学が生まれます。また思い煩いと失望に沈むのも、神の良い御性質を信じ切っていないからです。心配や恐れはクリスチャンに与えられている選択肢の一つではありません。

この土台をしっかりと据えている人は、給油ランプが点灯した時になすべきことを心得ている人のようです。反対に、「神が良い方である」という真理が心に据えられていない人は、葛藤が起こる時に、自分の使命からずれてしまいます。それだけではなく、これから起こる課題に対処するために、神が道具を与えてくださることに気づく繊細な心と信仰を失ってしまうのです。イエスの弟子たちの例からこのことがわかります。

パンと魚の奇跡を体験した後、弟子たちは湖で嵐に遭います。その嵐の中で、イエスは水の上を歩いて近づき、嵐を沈められます。弟子たちはイエスの奇跡的な力に驚くと同時に、自分たちの信仰のなさと、次に来る障害に立ち向かう準備ができていないことに気づきます。

マルコは弟子たちの反応について、こう記しています。

というのは、彼らはまだパンのことから悟るところがなく、その心は堅く閉じていたからである。（マルコ六・52）

この時期、イエスは弟子たちを訓練し、イエスがなさった業を彼らも行なうことができるように導いておられました。イエスが成し遂げられたすべての奇跡は、神の性質を表す教訓であり、弟子たちがその啓示を受け取って生きるようにという招きでした。

イエスが嵐を沈めるために用いられた権威は、パンと魚を増やす時の権威と関係がありました。わずかのパンをも増やして多くの人を養うことができる権威があることを見せることにより、イエスは次の御業のために弟子たちの心を備えられたのです。しかし、最初の教訓を学んでいなかったので、弟子たちはイエスについて来ることができませんでした。

どうしてパンの奇跡から学ばなかったのでしょうか。それは弟子たちの心が堅く閉じていたからです。神がどのような方であるかを信じるという基礎が抜けていました。イエスが奇跡の業を通して、将来の生活とミニストリーのための準備をさせようとされていることを理解していませんでした。この場合、前の教訓を学ぶことによって次の嵐に備えることができなかったのです。

食物を探し出し、それを群衆に分け与える時、弟子たちがイエスの命令に従ったので、奇跡が起こりました。にもかかわらず、心が頑なであったので、神がくださる道具を受け取ることができなかったのです。イエスは弟子たちをお叱りになり、悔い改める機会を与えることによって、受け損なった道具をもう一度手にする恵みを与えてくださいました。

難しい状況の中でしっかりと神につながることができるかどうかは、神がどのような方かを覚え、神が今までにしてくださったことを思い出すかどうかにかかっています。神との個人的な関係を続けてきたその歴史を振り返るのです。

今、自分の力と理解を超えた状況に直面している人がいるなら、しばらく時間を取って、過去十二カ月くらいの主との歴史を思い出してください。その間に語られた預言の言葉、語りかけを感じた聖書の言葉、証、祈りの戦略など、神が道具として与えられた何かがあることに気づくでしょう。現在の状況を乗り越えるための鍵が、そこに含まれています。また弟子たちのように、神が与えてくださった教訓を学ぶことを妨げてきた頑なな心があったなら、悔い改める必要があります。

神はあなたに偉大な使命と目的を与えられました。これからの任務に必要な備えは、すでに与えられています。自分の使命に忠実であろうと心に決めるなら、天はあなたを全面的に支援しようと待っています。これらの真理を確信するなら、人生の中にどちらの勢力が強く働いているかという認識が変わります。自分を取り巻く目に見えない領域に関して、目が開かれていきます。そのような認識の変化が起こる時、教訓を学ぶことはごく自然なことになります。

ヨセフはこの原則を発見しました。ヨセフが自分の使命に歩み始めた時、兄弟たちを通して仕組まれた敵の計画よりも、神の計画の方が力強いということを見出したのです。

あなたがたは、私に悪を計りましたが、神はそれを、良いことのための計らいとなさいました。

それはきょうのようにして、多くの人々を生かしておくためでした。（創世記五〇・20）

兄弟たちの悪い選択がヨセフの生涯に影響を与えたことは認めています。しかし、その悪い計画は、より優れた神の目的を邪魔することはできないと信じたのです。むしろ、人々の悪い企みが用いられて、ヨセフは高い地位へと押し上げられました。神はそれらのことをも用い、かえってヨセフへの良い約束を成就されたのです。

神が悪を行われることはありません。そして神が私たちの中になそうとされているすべての目的を成就させる神の力が、悪の力によって制限されることはないのです。

戦いのもたらす益

これらのことを知っていれば、敵がどのような計画を企んでいるかについて、心配する必要はありません。もちろん、敵の策略を見分けることは大切です。しかし、必要以上に敵に焦点を当ててはならないのです。「見分け」の主な目的は、敵がどのようなチャンネルを通して語りかけてくるかを見極め、その音声を消すことです。

悪魔が神にとって、脅威になったことはありません。神は一瞬にして悪の王国を消し去ることができる方です。しかし、神の子供たちとともに戦い、ともに勝利を分かち合うことを神は願われました。神の勝利にあずかり、神がどのような方であるかを表すことは、栄光に満ちた特権です。

神はイスラエルの敵としてパロを用いられたように、神の計画を成就させるために、悪魔を将棋の駒のように使われることがあります。次の詩篇には、エジプトから勝利のうちに脱出したイスラエルの旅路が描かれています。

主はその民を大いにふやし、彼らの敵よりも強くされた。主は人々の心を変えて、御民を憎ませ、彼らに主のしもべたちを、ずるくあしらわせた。主は、そのしもべモーセと、主が選んだアロンを遣わされた。彼らは人々の間で、主の数々のしるしを行い、ハムの地で、もろもろの奇蹟を行った。主はやみを送って、暗くされた。彼らは主のことばに逆らわなかった。主は人々の水を血に変わらせ、彼らの魚を死なせた。彼らの地に、かえるが群がった。王族たちの奥の間にまで。

主が命じられると、あぶの群れが来た。ぶよが彼らの国中に入った。主は雨にかえて雹を彼らに降らせ、燃える火を彼らの地に下された。主は彼らのぶどうの木と、いちじくの木を打ち、彼らの国の木を砕かれた。主が命じられると、いなごが来た。若いいなごで、数知れず、それが彼らの国の青物を食い尽くし、彼らの地の果実を食い尽くした。主は彼らの国の初子をことごとく打たれた。彼らのすべての力の初めを。主は銀と金とを持たせて御民を連れ出された。その部族の中でよろける者はひとりもなかった。エジプトは彼らが出たときに喜んだ。エジプトに彼らへの恐れが生じたからだ。（詩篇一〇五・24～38）

この聖句によると、神がイスラエルをエジプトに送られたのは、戦いを体験させるためでした。神はイスラエル人を祝福されたので、増え広がって敵の脅威となりました。さらに神は、敵の心を頑なにされ、挑発されたのです。このことによって、神は御民のために立ち上がり、不思議を表し、エジプトに疫病を注ぎ、イスラエル人に分捕り物を持たせることができました。何という戦略でしょうか。

このように、神は戦いに備えて武器をくださるだけではなく、あえて戦いのただ中に導かれることがあります。私たちの人生に起こる困難の原因が神であると言っているのではありません。神は苦しみや病気や迫害を、キリストに似る訓練のためと言ってわざと子供たちに与えるような父ではありません。

むしろ私が言いたい要点は、私たちが神の目的を追求し続ける時、人生に起こるすべてのことは、その目的のために益となるように働くということです。私たちは目的のない戦いを一瞬たりとも経験する必要はありません。神はどのような状況においても、勝利をくださる方だからです。

実際、神はすでに勝利を取られました。私たちの仕事は、十字架の勝利の現実に心を合わせ、周りに神の目的と贖いの業を広めていくことです。そうすることによって、様々な環境の中にあって天と協力して働くことができるようになります。この観点を心得ている人は、問題にぶつかっても喜んでいるので、この世にあって際立った存在になります。不可能な状況や問題が起きた時、それらがイエスの御名の前に跪くのを見るのを喜びとし、特権とする人々だからです。

前線は最も安全な場所

一人ひとりのクリスチャンは、その賜物と才能に応じて違った課題を与えられています。これらの課題をこなしていく時、天の御国を地上にもたらすという目的が果たされるようになります。聖書によると、この御国は激しく前進しています（マタイ十一・12参照）。それは第一に、私たちの人生に潜む肉の人を追い出すためであり、次に、私たちの周りに働く悪魔の業を破壊するためです。

この過程の激しさに圧倒されるように感じるかもしれませんが、クリスチャン生活に関して防御的、保守的な態度を取るよりも、この戦いのただ中に身を置く方が安全なのです。絶えず情熱的に神を求め、神が託された目的を追求し続けることほど安全な場所は、他にありません。情熱をもって神を求めることにより、御国は前進します。すでに持っている物を守るために、保守的に生きようとすることは、かえって危険です。一タラントを埋めてしまった人のことを思い出してください（マタイ二五・18～28参照）。

私たちの課題と使命は神の国を前進させることであり、周りに何が起こっても、そのことに専心している限りは恵みの傘のもとで守られているのです。前進することを止めて、車の後部座席に座り始めたとたんに、惑わしの火の矢で攻撃されるようになります。

これらの真理を思いの中にしっかりと据えるほど、心を守ることの重要性を深くわきまえるようになります。神の目的と使命は、私たちの心の中で始まります。心の目でイエスを見つめ続けるなら、自分がどのような者として召されているかがよりはっきりとわかるようになります。心と精力を神が与えてくださった使命に集中させるなら、情熱と確信においてますます成長するでしょう。

「私は神のために心燃やされて生きる。私の生きる目的は、この方を周りに知らせること」という確信と情熱があるなら、あなたはただ一つのものを求めて生きる人になります。他のすべての情熱は、その一つのものから流れ出るのです。あなたの求める心は、天の注目を浴び、あなたはその使命の達成に向かって力を与えられるでしょう。

使命に向かう高速道路を走る時、様々な障壁を避け、問題を乗り越えながら前進していきます。その時、心の警告灯に注意するのです。命の源である方につながっているでしょうか。その警告灯は、油の不足を知らせるためにあります。神の臨在から流れる油によって、必要なすべてを受け取り、目的を果たすことができるようになります。私が心を込めて守ることができる量の油だけを、神は与えられます。

ですから、神の臨在を運ぶためにすべてのエネルギーを集中させるための意志と人格の力を築き上げなければなりません。周りの状況に心を奪われて、一瞬でも心の中にある炎を守ることを忘れてしまってはいけません。また神の臨在から離れて、自分の力だけで心の火を守るということもできないのです。

第三章　感謝によって敵の武装を解除する

†感謝を通して心は穏やかになり、生きる力が湧き上がる†

新しく生まれ変わる体験をした時、神の御心を行ない、神を喜ばせることが私たちの願いとなり、性質となりました。それは自然に備えられた性質であり、無理に作り上げるものではありません。神はそのような願いを私たちの中に植え付けられた上で、神の御心が何かわからないように隠し、曖昧にする、といったことはされないのです。

イエス・キリストと親しい交わりをしていくなら、神の御心は自然と私たちの願いとなっていきます。神の御心は、わかりにくい複雑なものではありません。多くの若者たちが私のところに来てこう言います。

「私の人生に対する神さまの御心が何かを知りたいのです。そのために祈ってください。」

そのような願いを聞く時、よく「あなたに対する神の御心はわかっていますよ」と答えます。

それは主の祈りの中に示されています。

あなたの御心が天でなされるように、地でもなされますように。（マタイ六・10）

簡潔に言って神の御心は、天国の現実が地上においても現実となることです。

地上に天国をもたらす役割

神は私たちに天からの権威を授けてくださいました。神の御心が地上に実現するためには、人々の従順が大切な役割を果たします。パウロは私たちにこのような勧めをしています。

いつも喜んでいなさい。絶えず祈りなさい。すべての事について、感謝しなさい。これが、キリスト・イエスにあって神があなたがたに望んでおられることです。（第一テサロニケ五・16〜18）

この勧めの中で、二つの重要なことに気づきます。

第一に、神の御心は、私たちが医者になるか、教師になるか、そういった将来の職業などに焦点を当ててはいません。昼食にマグロを食べるか、それともピーナッツバターを塗ったパンを食べるか、そのような選択に関するわけでもありません。神との関係の中で、いつも、すべての環境の中で、どのような心構えをすべきか、ということに焦点が当てられているのです。

第二に、喜び、祈り、感謝することは、すべて意志によって行われます。特に困難や弱さ、不安定な状況においては、信仰を要する行為です。心を天に向けて、体の感覚や心の感情がどうであれ、天において真理であることに同意しなければなりません。同意することにより、天からの力と現実を私たちの生活と状況に迎え入れる準備ができます。

そうした心の備えが、主の祈りに表されている「天でなされるように、地でも」という神の御心を成就することにつながるのです。天を地にもたらすための最初の一歩は、心に変革が起こることです。

喜びと祈りと感謝は天を引き寄せるので、主にあって自分を励まし、力づけるための道具となります。この三つは人生を通して継続的に行われるものです。危機的な状況の時だけ、あるいは祭日だけのために取って置かれるものではありません。自分自身を力づけるための道具は、すべて継続的なライフスタイルに関わっています。

これには理由があります。危機や困難が襲う時には、どう反応すれば良いかと冷静に考える余裕がありません。ですから、普段から天国の見方ができるように心に変革を受けているかどうかが、試練の時に試されるのです。ライフスタイルとしていつでも習慣的に行なっていることは、困難の時への備えとなります。

第四章と第五章において、喜びと祈りについて学んだ教訓を分かち合います。どのように、そしてなぜ、この二つが力を与えてくれるかについて、いくつかの洞察を主が与えてくださいました。しかし、本章では感謝について記します。

感謝を捧げることは、私たちの人生が神からの賜物であり、神はすべてを治めておられるという真理に同意する行為です。神は実に気前の良い方であり、この世で与えられた人生は、単に生き残りをかけた悲壮な戦いではありません。人生は神の溢れる祝福と豊かさに満ちているのです。

しかし、与えられているものを正しく認識することができなければ、その豊かな人生を満喫することはできません。贈り物を受け取る時、このことは真実です。受け取った物が何であるかを理解しなければ、その目的を理解せず、恩恵にあずかることもできません。

クリスマスの朝の光景を思い浮かべてください。あなたは家族のメンバーのために、秋頃から良い贈り物はないかと探し始め、買い物に出かけ、一人ひとりの興味と願いに合ったユニークな物を用意しようと心を配ります。一人ひとりが楽しむことができ、しかも役に立つ物を買うのに、費用は惜しみません。

クリスマス当日になって、家族がクリスマスツリーの近くにやって来ました。ところが、一人はプレゼントがあることに全く気づかず、通りすぎました。もう一人は包みを開けますが、使い方を間違って他の目的に使い始めました。もう一人は包みを受け取りますが、開けようとしません。さらに悪いことに、その贈り物があなたからのものだと気づく人は一人もいませんでした。

もし家族がこのような反応をしたなら、それは愚かな行ないであるだけでなく、人間関係を深く傷つける行為であることがわかるでしょう。

悲しいことに、多くのクリスチャンは神からの贈り物について、これと同じような反応をしています。特に聖霊の賜物についてはそうです。神が用意してくださった賜物を、受け取らない人が多いのです。その賜物が何のためにあり、どのように使えば良いかを知らないからです。

ある人は、「異言の賜物は一番レベルの低い賜物だから、求める必要なんかない」という愚かな発言をします。もし私が子供たちのために用意したプレゼントについて、子供の一人が同じような発言をしたら、私は怒ってこう言うでしょう。

「これはお前のものだ。どんなに小さく見えようと、お前のことを考えて私が用意したのだ。私は安っぽい贈り物は与えない。お前がその包みを開けるなら、それが何のためにあり、どのように用いるかを教えよう。」

贈り物を拒絶することは完全な傲慢であり、贈り主を傷つけるのです。感謝には謙遜の態度が含まれています。神がくださるものを受け取る時、感謝を表すことは唯一の適切な方法です。いただいたものがどのような価値のあるものか理解できていない時でも､神が良い方であると信じ、神との関係に敬意を表するためには、感謝を捧げるのが当然なのです。

神がすべての良い、完全な贈り物を与えてくださる二つの主な理由があります。一つは、私たちが人生に成功し、栄えるために与えてくださいます。もう一つは、私たちに愛を表し、神との親密な関係へと招くために与えてくださいます。感謝をライフスタイルとするなら、主がくださった賜物には、こうした目的があることを認めることになります。感謝を通して神との関係は深まり、神が私たちを創られた目的を知るようになるのです。

小さな感謝の大きな価値

感謝を捧げるようにと神が教えておられるのは、私たちから何かを得るために神が贈り物をされるという意味ではありません。贈り物を通して人をコントロールするという意図は全くありません。感謝は私たちの人生についての真理を認める行為なのです。私たちが真理に同意する時、その真理は私たちを自由にします。そして、神の似姿に創られた尊い存在として、私たちの内に与えられた神のすばらしさを表すことができるようになります。

感謝を神に捧げない人は、本来の自分を失うことになります。この点に関して、パウロはこう説明しています。

というのは、不義をもって真理をはばんでいる人々のあらゆる不敬虔と不正に対して、神の怒りが天から啓示されているからです。それゆえ、神について知らされることは、彼らに明らかです。それは神が明らかにされたのです。神の、目に見えない本性、すなわち神の永遠の力と神性は、世界の創造された時からこのかた、被造物によって知られ、はっきりと認められるのであって、彼らに弁解の余地はないのです。それゆえ、彼らは神を知っていながら、その神を神としてあがめず、感謝もせず、かえってその思いはむなしくなり、その無知な心は暗くなりました。

（ローマ一・18〜21）

パウロによると、神はご自身を隠されてはいないのです。神を知るのは、難しい不可能に近いことではありません。世界を見渡すなら、神の存在は明らかに現れているのです。ですから、人の本分は、神を神としてあがめ、感謝することです。これは真理に同意する行為なので、感謝を通して神を知る知識の世界が大きく門戸を開くことになります。

反対に、感謝を捧げない人は、その思いが虚しくなり、心は暗くなります。ここで「虚しい」とは、目的がないという意味です。人生のすべてに感謝する生き方をしないなら、私たちの思いは神の目的から切り離されてしまいます。神の目的を見失うと、自然と神の御心から外れた選択をするようになり、神の計画からずれて破滅の道へと向かって行くのです。

心が暗くなる時、霊的な現実を捉えることはできなくなります。主が願いと愛情を与えてくださっても、心が動きません。そのため、命の源である神との関係に入る招きに応じることができないのです。

パウロはローマ書一章の中で続けて説明しています。心が暗くなると、人は歪んだ願いを抱くようになり、人間関係や自分の尊厳を貶めるようなあらゆる罪に耽るようになります。人間の犯す最も倒錯した罪は、感謝のない生き方をきっかけとして入り込んできます。

触れるものを聖める感謝の働き

感謝を捧げることにより、命と目的の源である方につながり、健全な精神をもって生き生きと日々を過ごすことができます。パウロが「すべてのことにおいて」感謝するようにと教えているのはそのためです。感謝は私たちが正気を保ちながら生きるのを助けるのです。

しかし、困難と逆境の中で、感謝が特に効果を発揮する領域があります。パウロがテモテに書いた手紙の中に、この原則を見つけることができます。

しかし、御霊が明らかに言われるように、後の時代になると、ある人たちは惑わす霊と悪霊との教えとに心を奪われ、信仰から離れるようになります。それは、うそつきどもの偽善によるものです。彼らは良心が麻痺しており、結婚することを禁じたり、食物を絶つことを命じたりします。

しかし食物は、信仰があり、真理を知っている人が感謝して受けるようにと、神が造られた物です。神が造られた物はみな良い物で、感謝して受けるとき、捨てるべき物は何一つありません。神のことばと祈りとによって、聖められるからです。（第一テモテ四・1～5）

偶像に捧げられた食物に関して、初代教会が常に葛藤していた大きな論争がありました。食物が悪霊に捧げられて汚されることを、ユダヤ人も異邦人も恐れていました。当時の偽教師たちは、この迷信に乗じてあらゆる分裂と束縛を引き起こしていました。

興味深いことに、パウロはこの手紙の中で、これを単なる迷信だと決めつけて、偶像に食物を捧げても何の力もないと主張することはしませんでした。その代わりに、祈りと御言葉に感謝を結び付ける時、偶像に捧げた行為は無効になり、その食物は主への捧げ物であるという力ある原則が働くと教えました。感謝には、触れるものを聖める働きがあるのです。

聖書において、聖別というのは重要なテーマです。

旧約聖書では、モーセの幕屋に配置された様々な道具や器や家具を、祭司が用いるために聖別する儀式がありました。ソロモンの神殿でも、神が決められた聖別の手順がありました。たとえば、金細工人がいけにえを捧げる時に使う洗盤を作ると、祭壇の血で洗わなければなりませんでした。いったん聖別されると、それは宮で祭司が使う以外には決して使われませんでした。神のために取り分けられ、聖別されたからです。

新約聖書においては、イエス・キリストの血によって信者は聖められ、神のために取り分けられた存在となります。この聖めは非常に力あるものです。神の目的を果たすために用いられる器となるだけではありません。神の命、力、愛が私たちを通して流れ出すと同時に、私たち自身をも神の似姿に変えていくのです。私たちは神のために聖別され、神に似た者になっていきます。

感謝によって食物が聖められるとパウロが述べたのは、神の目的のために取り分けられたものになるという意味です。感謝を捧げることにより、食物の性質が聖いものに変わるのです。これは汚れた食物に関することだけではありません。この真理は、神の力以外の力が働いているすべての状況に当てはめることができます。

人生に起こるすべてのことが神の御心なのではありません。神は国や個人が直面する危機を引き起こされません。神は悪を所有していないので、悪を与えることはできない方です。神は良い方であり、神が与えてくださるのはいつも良い贈り物です。良いことも悪いことも含めてすべてについて感謝しなければなりませんが、だからと言って悪いことが神によって引き起こされたわけではないのです。

危機的な状況の中で神に感謝を捧げる時、信仰を破壊するために送られた悪い状況が神によって聖められ、かえって神の目的を促進するための道具に変わります。敵は神の目的からあなたを引き離すために攻撃をしかけました。しかし、感謝によって、それは神の目的を成就するための手段となります。

父なる神がイエスに与えられた務めは、悪魔の働きを滅ぼすことでした。イエスはその同じ務めを、私たちに委ねられました（第一ヨハネ三・8参照）。感謝は神の国の正義を打ち立てるために用いられ、私たちを破壊するために敵が送ってきた状況を通して、結果的には敵自身が滅ぼされるのです。敵の目的を破壊する働きに参加することができるとは、それ自体が感謝せずにはいられない特権です。

神の正義が現される

聖書の中でも神の正義が特にはっきりと表れている例は、エステル記にあります。ハマンはモルデカイを吊すために作った柱に、自分が吊されることになりました。後に、王の庭でハマンが務めていた役職をモルデカイが務めるようになり、神の正義が完全に明らかにされました。

この話のすばらしい点は、モルデカイが自分で正義を主張する必要はなかったという点です。モルデカイは、ユダヤの民と異邦人の王に対して、自分の務めを果たすことに意識を集中させていました。これが御国の戦いの性質です。悪魔に焦点を当てて戦うのではありません。王とその御国に焦点を当てる時、私たちの人生に神の主権が増し加わり、悪魔は退かざるを得ないのです。危機の時に感謝が力ある武器となるもう一つの理由がここにあります。

詩篇にはこう書いてあります。

感謝しつつ、主の門に、賛美しつつ、その大庭に入れ。主に感謝し、御名をほめたたえよ。

（詩篇一〇〇・4）

感謝を通して、私たちは神の臨在の中へと入って行くことができます。感謝によって、どのような状況の中でも、神が言葉を語り、介入してくださるのを体験します。神に感謝を捧げ始める時、私たちの焦点は地上の現実から天の現実へと移行するのです。周りの状況に天の御国がもたらされるのを願うなら、焦点を正しく合わせることが何よりも大切です。

神を意識し続ける

神の臨在以上に他のものを大きく意識しないようにと、私は常に心がけてきました。テレビから流れる悪いニュースを見るだけでも、心に葛藤が湧き上がることがあります。神の臨在を意識する以上に、ニュースの場面が心に重くのしかかるのを感じたら、すぐに神の臨在に心を向け、神を心の中であがめます。それでもうまくいかないと感じたら、テレビを消して他の部屋に行き、ニュースによって引き起こされた心の重荷よりも神の臨在が大きくなるまで、神に心を集中させるのです。

神はどんな問題よりも大きな方であると、頭で知っているだけでは充分ではありません。私の身も心も神の臨在に向かい、神があらゆる状況に侵入して臨在を満たしてくださることを期待するのです。もしこのような心の態度を保てないなら、神の臨在以外のものが人生を左右するようになり、敵に対して攻撃的にではなく、防御的に生きるようになってしまいます。

感謝を通して神の臨在の傍にとどまるなら、不可能を可能にする神の絶対的な能力に信頼して安らぐことができます。さらに、神が大いに私を愛し、喜んでくださるのをいつでも感じることができるのです。神が与えてくださった数々の良い贈り物に感謝する時、神が私の父であり、私の味方であることを知ります。そして神が私を喜んでおられるという事実が、他のどのような評価をも無意味にするのです。

祈りが答えられた体験を思い出せないほどに苦しい時でも、意識的に感謝を始めると、人生の良い面に心が向き始め、主の喜びを受け取る扉が開かれます。そして、主を喜ぶことは私たちの力です。

ヤコブは感謝を捧げることを教え、試練さえも喜びとみなすようにと勧めました。感謝を捧げるなら、自分の人生に与えられた恵みを自然に数えるようになるのです。感謝が困難な状況でも私たちを力づけると知っている人は、神の良くしてくださったことを思い出し、数え続ける必要があります。それを続けるなら、ついには「今は喜ぶ時だ」と確信できるようになります。

神の愛と慈しみを深く思いながら、憂鬱であり続けることはできません。神の愛は私たちを取り巻き、新しい命を吹き込むのです。

いつでも感謝を捧げることを、あなたのライフスタイルとしてください。そうすれば、答えられた祈りの数々を忘れる心配はありません。困難がやってくる時にも、神の祝福がどれほど多くあったかをすぐに思い出し、神の臨在と喜びに満たされるのです。これは敵が持って来る中傷や危機、葛藤や試練よりも大きな現実です。この領域に生きる人は、神の目的から外れることはありません。敵の攻撃でさえも、神の目的を実現させる手段に変えてしまいます。

天の視点を持つなら、あらゆる状況の中で神に感謝を捧げるのは、実に理に適ったことなのです。

第四章　個人的な打ち破りの瞬間

†身体の動きを伴う従順には、霊的な打ち破りをもたらす力がある†

ウィーバービルで若い牧師として働いていた頃、「憂鬱な月曜日」をよく味わっていました。日曜日の礼拝がどれほどすばらしくても、月曜日には、その欠けていた面ばかりを思い出すのです。霊の巨匠たちと自分を比較していたので、失望感は一層深まりました。ジョン・G・レイク、チャールズ・フィニー、リーズ・ハウエルズといった信仰の偉人たちの伝記を読むのが大好きでした。

しかし、自分自身を歴史上のリバイバリストたちと比べると、信仰の足りなさが目立ち、明らかな違いに意気消沈するのです。リーズ・ハウエルズの『とりなし手』という本を読むと、私はクリスチャンとして生きているのだろうか、そもそも救われているのだろうか、と疑いたくなるほどです。牧師として取り扱わなければならない実際的な問題に悩んでいる時は、特に気分がふさぎました。

牧師である限り、裏切り、拒絶、非難、教会員の転出、そういった体験は避けられないように思えました。頭の上には、常に大きな暗雲が漂っているようでした。失望したり落ち込んだりするのは良くないと知ってはいました。主の家でともに礼拝を捧げる日曜日はお祝いの日でなければならないとわかっていたので、日曜日までには何とか気持ちを上向きに持って行くように努力していました。しかしまだ、その秘訣を充分に会得してはいなかったのです。

究極の優先順位

若い頃から私の心に植え付けられた優先順位の一つは、礼拝です。父は家族と会衆に対して、クリスチャンは第一に礼拝者でなければならないと教え、訓練しました。私たちの第一の務めは神ご自身に仕えることであり、その他の奉仕や人々に仕える働きは、神への礼拝から溢れる恵みによって行なう二次的な働きなのです。

父が教えてくれたのは、それだけではありません。私たちの讃美と礼拝は、詩篇に表されている型に倣《なら》うものでなければならないと教え、実演してくれました。つまり、踊る、叫ぶ、手を叩く、跳ねる、喜びの声を上げる、そういった身体を使った礼拝です。聖書に書かれているこうした礼拝表現を教会の文化の中に取り入れるには、かなり大きな発想の転換が必要でした。

最初の頃、こうした身体を使った礼拝表現に慣れない人が多く、反発がありました。礼拝の時には、普段は静かに厳格な表情を保ち、悔い改める時には涙を流すことだけが霊的な表れとして許されていると考える人もいました。

私は父の教えに納得し、聖書に書いてあるなら、そのような身体を使った礼拝をすべきだと考えました。しかし、自分の恥ずかしがり屋で控えめな性格が、そのような大胆な礼拝表現を妨げていました。神が何かをするように命令される時には、その性質をすでに私たちの中に入れてくださっているという原則を学んでから、ようやく解放されて礼拝ができるようになりました。キリストにあって与えられている私の本当の人格の内には、神への愛を表現豊かに捧げる能力が備えられているのです。それが本当の私です。自分の古くからの性質が、恥ずかしがり屋でもの静かであるという理由から、神に喜びを大胆に表す礼拝が妨げられてはいけません。神はそのために新しい性質をくださったのです。

ですから、「聖書に書かれているような表現豊かな礼拝は自分の性格に合わない」と思い込むのは、敵の偽りに同意することになってしまいます。これがわかってから、集会で誰かがダンスするのを見るようになる前に、私は個人的な神との交わりの中で、ダンスをしながら主に喜びを表すようになりました。

私が発見したように、讃美は肉を喜ばすものではありません。だからこそ、抑圧《よくあつ》を跳ねのける力があるのです。敵は人が同意する時だけ、力を揮《ふる》うことができます。敵の嘘に同意してしまうと、盗み、殺し、滅ぼすという悪魔の働きに機会を与えるのです。偽りを信じるなら、圧迫の雲がますます重くなります。喜びを豊かに表現する讃美には、その同意を打ち消し、圧迫の雲を散らす力があります。

内省《ないせい》は讃美の命を奪う

若い牧師として働いていた初期の頃、失望しそうになる時、神にあって自分を励ますために用いた主な道具は讃美でした。たくさんの疑問を神に投げかけたくなる時でも、神を讃美し続けるうちに、自分が正しい場所にいるという確信が戻ってきました。混乱と鬱に陥ってしまうのは、神に対する讃美を怠けた時だけでした。

ウィーバービルでは、家の裏が教会であったので、しばしば夜遅く会堂に行き、音響システムのスイッチを入れて讃美の曲を鳴らし、神を礼拝し、讃美しながら時間を過ごしました。時には早朝まで教会に留まることもありました。歌い、踊り、叫び、私がする気にならないすべての方法で礼拝しました。ダビデは詩篇に、「わがたましいよ。主を誉め称えよ。」と書きました。気分が乗らない時でも、自分のたましいに命令して、神を讃美するようにと仕向けたのです。

人生の中で混乱を感じ始めたなら、私たちのたましいと身体を神の目的のために正しい位置に戻さなければなりません。頭の上を黒雲が覆うように感じる時は、その雲の大きさに負けないほどの讃美を捧げることを心に決めていました。全身を使って神を誉め称え続けていると、ある時点で内側に変化が起こり、もはや努力ではなく、自然に礼拝ができるようになります。主を誉め称えて宣言していた言葉が真実であるのを、知性も意志も感情も確信できるようになるのです。そのうちに混乱の雲は消え去り、神にあって生き生きとした感覚が戻って来ます。

こうした雲は、頭の上だけではなく、頭の中にも入ってくるのを発見しました。自分の欠けている部分を見たり、自分を他の優れた人と比べたりするのは、一種の謙遜であると思っていました。しかし実際は、その反対でした。私とともにいてくださる神の偉大さに焦点を置く代わりに、自分に焦点を当てていたのです。自分の抱える問題が神の約束よりも大きいと思い込むことによって、悪魔の考えに同意していました。その同意により、圧迫の雲が内側に入り込むのを許してしまったのです。

敵の偽りを信じ、同意した時、それを打ち破る唯一の方法は悔い改めです。すなわち、思いを方向転換させるのです。讃美を捧げ続ける時、私のたましいは神のすばらしい性質を深く思います。その時、天のより優れた現実に同意し、感情や知性、身体などに、その現実が現れ始めるのです。

讃美について、なぜ詩篇の型に倣うようにと父は教えたのでしょうか。天と同意するには、精神の悔い改めだけでは充分とは言えません。その悔い改めが真実であるのを証明するには、身体をもって証明しなければなりません。聖書がしなさいと命じている動作をする時、心だけではなく、身体を含めた私のすべてが真理に適合していくのです。この体験から、身体の従順は霊の打ち破りをもたらすという原則を学びました。

礼拝の中にある宗教的な儀式や型を嫌う私たちにとって、今教えている内容は時代に逆行しているように聞こえるかもしれません。しかし、身体を通して神への従順を表す時、霊の領域で打ち破りが起こるのです。あなたがどのように考え、感じているかが大切なのではありません。感情や思いは、詩篇にあるような身体を使った讃美をしたがらないかもしれません。

そうだとしても、聖書によると、私たちは実際に身体を動かして従う必要があるのです。やりたい気持ちがないのに何かをするのは、偽善ではないか、という人もいるでしょう。しかし、信者でありながら、自分の気持ちが向くことだけを行い、聖書に書かれている方法で礼拝を捧げないとしたら、それこそが偽善であると私は思います。正しい行動を取るなら、正しい感情と思いは後からついて来ます。

どうして歌い、叫び、踊ることが正しい行ないと言えるのでしょうか。静かに神を畏れ敬うだけではなく、このような過激な表現を神が要求されるのはなぜでしょうか。もちろん静まって神を敬う時もあります。しかし詩篇の中で、より多くの節を使って勧められているのが、祭りのように神を祝う礼拝なのです。

その理由は、私たちの神は祝う神であるからです。神は私たちを喜び、愛し、好意を寄せてくださるだけでなく、それを豊かに表される方です。一時的な祝福のためにではなく、私たちを神との継続的な深い交わりに誘うために、そのすべてを与えてくださいます。神が私たちを喜んでくださるのは、私たちも神を知り、神を喜ぶ者となるためです。

主は喜びをもってあなたのことを楽しみ、その愛によって安らぎを与える。主は高らかに歌ってあなたのことを喜ばれる。（ゼパニヤ三・17）

主がこのように喜び歌ってくださるので、私たちも主に向かって喜び歌うのです。神がなされることを神にお返しする時、私たちの交わりは一段と深くなっていきます。命の源である方との絆が深まるのです。

それだけではありません。神がなさることを私たちも行なう時、霊もたましいも身体も神の言葉に反応し、より親しい関係の中で神の性質が私たちの内に流れ込んできます。聖霊は喜びに満ちた存在であり、聖霊による喜びこそが、神の国の特質の重要な要素です（ローマ一四・17参照）。御言葉によって「いつも喜んでいなさい」と命令されているのは、主の喜びにあずかるようにという神の招きです。その喜びを受け取る方法を神は教えてくださったのです。内側に喜びがあるから喜ぶだけではなく、主の喜びを求める過程において、私たちは自ら喜ぶことを選び取るのです。

神に仕えることの重要性

前章において、ヤコブが教えているように「すべてを喜びとみなす」なら、感謝は自然と喜びにつながると述べました。神が成し遂げてくださった数々の恵みを数えながら、ただ感謝するだけで終わってはいけません。神のなさる御業の一つひとつには、神の性質が表されています。神の豊かさ、喜び、愛、忠実さ、慈しみ、力などの性質が明らかになる時、神への讃美をもって応答するのは自然の成り行きです。讃美と喜びは同じコインの裏表であると言えます。

私はあなたを喜び、楽しみます。いと高き方。私はあなたに讃美を歌います。（詩篇九・2）

讃美を捧げる時には、喜びを表します。身体もたましいも霊も、ともに神を祝いましょう。讃美の言葉を高らかに宣言する時、そこには神の良き性質が表されます。そのことのゆえに、私たちは喜びます。「いつも喜んでいなさい」という命令に従うには、讃美を継続的なライフスタイルとして取り入れる必要があります。

ヘブル人への手紙では、感謝から溢れる讃美がいけにえとして描かれています。

ですから、私たちはキリストを通して、賛美のいけにえ、すなわち御名をたたえるくちびるの果実を、神に絶えずささげようではありませんか。（ヘブル一三・15）

この聖句は讃美がどのようなものかというガイドラインを示してくれています。

第一に、讃美は私たちが犠牲を払って捧げるものです。神は御子イエスという高価な犠牲を捧げてくださいました。私たちはその応答として讃美を捧げるのです。夜中に会堂に行って一人で神を讃美した時、私は自分の時間と関心と快適さを神に捧げていました。状況がもたらす様々な重荷と、快適な普段の生活という範囲を超えて、神に犠牲を捧げました。それによって、代価を払う讃美のいけにえとなったのです。

第二に、讃美のいけにえには、いつも信仰が要求されます。信仰がなくては、神に喜ばれることはできないからです。

信仰によって、アベルはカインよりもすぐれたいけにえを神にささげ、そのいけにえによって彼が義人であることの証明を得ました。（ヘブル十一・4）

問題に直面して悩んでいる時に喜ぶには、確かに信仰が必要です。「あなたは尊い方」という讃美を歌いながら、心で「自分は何の価値もない者だ」と思っているなら、それは信仰ではありません。ありのままで神が自分を受け入れてくださったという真理に立って、初めて本当の意味で喜ぶことができます。

神が良い方であり、忠実な方であり、その神の性質は今目の前にある問題よりも大きな真理であると認めなければ、心から喜ぶことはできないのです。また神を喜ぶためには、「私の人生は私を中心に回っているわけではない」という事実を認めなければなりません。

自分の周りの状況を神の観点から見ることによって喜ぶことが、神への讃美のいけにえとなり、あなた自身に変革をもたらします。それは信仰の表現です。ダビデは詩篇の中に、この種の喜びについて記しています。

恐れつつ主に仕えよ。おののきつつ喜べ。（詩篇二・11）

「おののきつつ」と訳されている言葉は、「震えながら」と訳すこともできます。つまり、確信に満ちていない時でも、喜ぶことを選択するのです。

讃美と感謝には違った性質がありますが、いつも一緒に働き、神の臨在の中で自分を力づけるための階段のような役割を果たします。

感謝しつつ、主の門に、賛美しつつ、その大庭に、入れ。主に感謝し、御名をほめたたえよ。

（詩篇一〇〇・4）

この御言葉は、神の臨在への道のりを示す道路地図です。私たちのゴールは、感謝と讃美を続ける中で、神の臨在の中へと入っていくことです。神の臨在を感じるようになった後も、自分の必要を得ることに焦点を移し替えてはいけません。

主から何かを受け取るためではなく、礼拝において神に仕えるという人生の中心的な目的へ戻るために、感謝と讃美は有効な道具です。こうして私たちは神の臨在へと入り、神との親しい関係の中で真の礼拝を捧げることができます。礼拝においては、身体や言葉の表現だけが捧げるべきいけにえではありません。私たち自身が生きた供え物となるのです。いけにえの上には、いつも火が降りて来ます。私たちが真のいけにえとなるなら、変化は必ず起こるのです。

あなたを豊かにする犠牲

石膏の壺に入った香油をイエスに注いだ女性を思い出してください。聖書はこの香油について二つのことを指摘しています。

第一に、その香油の価値は一年分の賃金に相当しました。おそらく女性にとって、唯一の金銭的な保証であったのでしょう。

第二に、その香油は一回きりしか使えませんでした。壺を割らなければ注ぐことができなかったからです。中に入っていたすべてをイエスに注いだだけではなく、人々の面前でイエスに対する愛情を表し、御足を涙で濡らし、髪の毛で拭きました。

そこにいた人たちは、弟子たちを含めて皆、その女性の振る舞いに驚き、腹を立てました。女性が感情を公に表し、しかもお金の無駄使いをしているのが許せなかったのです。しかし、イエスは全く違う見方と反応をされました。その女性はイエスが神の子であり、何のために地上に来られたかという目的を誰よりも理解していたので、イエスの埋葬のために必要な準備をしたのです。イエスは女性の功績をお認めになりました。

この女性は、信仰によってイエスに最もふさわしい礼拝を捧げました。人々が解散した後、イエスだけではなく、その女性をも香油の香りが包んでいたことでしょう。

私たちが真の礼拝を捧げる時、これと同じことが起こります。礼拝する時には、主に向かって「一緒に栄光を分かち合いましょう」とは言いません。この女性と同じように、「主よ。すべてはあなたのものです。」と告白しながら礼拝するはずです。しかし、結果的には神の臨在と栄光が顕れる時、それは礼拝を捧げている私たちをも取り囲むようになるのです。

ダビデはこう表現しています。

しかし、主よ。あなたは私の回りを囲む盾、私の栄光、そして私のかしらを高く上げてくださる方です。（詩篇三・3）

主を礼拝する時には必ず、頭を上げて主を仰ぎ見るようになります。主を仰ぎ見た後に自分の状況を振り返るなら、以前と全く違った見方ができるのです。また礼拝の内に神の栄光の領域を体験したなら、神の超自然的な備えを味わい、神の恵みと力を注がれるのは当然なのです。

多くのクリスチャンは、神に讃美と感謝を捧げるためには、自分の周りの問題を無視し、自分の内側の問題からも目を背けなければならないと勘違いしています。これは無責任な考え方です。

反対に、問題をあらゆる角度から見つめ直し、そのうちに解決が見つかるはずだと考える人もいます。この態度では問題に集中し過ぎることにより、主への愛情から心が離れ、問題をより大きく捉える過ちに陥ります。神の声よりも他の声のほうが大きく聞こえてくるようになります。それも責任ある態度とは言えません。

私たちの第一の責任は、神を見上げ、神を礼拝することです。ですから、健全な拒否の態度が必要な時があります。私の机の周りに悪魔がありとあらゆる要求を突き付けてくる時、私は拒否を宣言します。注意深くなければ、敵の要求に乗って対応している間に、失望に打ちひしがれてしまうのです。

一五分ほど問題に対応しながら、いくつか選択を間違えるだけで、あっという間に失望の渦に飲まれてしまいます。しかし、私はもう以前のように失望しながら生きる必要はないのです。私の主への愛情が周りの問題によって邪魔されないように、拒否することを学んだからです。これは無責任な態度ではありません。なぜなら主は、私が主に注目し、忠実に主を礼拝するという本来の召しを第一とする限り、問題に対する解決は主が備えてくださると何度も約束してくださったからです。

これは問題から目を背けるという意味ではありません。神の視点から問題を見る者へと変えられる必要があるということです。

讃美は神との出会いをもたらす

忠実に讃美と礼拝を神に捧げる人に約束されている祝福について、聖書から学んでみましょう。

けれども、あなたは聖であられ、イスラエルの賛美を住まいとしておられます。（詩篇二二・3）

私たちが讃美を捧げる時、実は王の王なる方が御座を設けてお座りになる場所を用意しているのです。その御座から、天の御国の現実を地上に解き放ってくださいます。そして神の国が来たなら、その地域を支配していた敵の王国は滅ぼされるのです。

預言者イザヤはこう述べています。

主に向かって新しい歌を歌え、その栄誉を地の果てから。海に下る者、そこを渡るすべての者、島々とそこに住む者よ。荒野とその町々、ケダル人の住む村々よ。声をあげよ。セラに住む者は喜び歌え。山々の頂から声高らかに叫べ。主に栄光を帰し、島々にその栄誉を告げ知らせよ。主は勇士のようにいで立ち、戦士のように激しく奮い立ち、ときの声をあげて叫び、敵に向かって威力を現す。（イザヤ四二・10～13）

イスラエルが神を誉め称え、祝っている間に、神が戦いを引き受けてくださり、敵に向かってご自身の御力を現してくださいます。何という有り難い約束でしょうか。神が私たちの讃美の中に住まわれる時、このことが起こるのです。

集会の中で、神の臨在に酔いしれて讃美をしていた人たちが、後で気づいたら病気をいやされていた、という証をたくさん聞いています。ある集会の後に、二人の人が私のところにやって来ました。二人は互いに関係のない人たちですが、二人とも数年前に首の骨を折り、長い間後遺症に苦しんでいたのですが、讃美している間にいやされたと言うのです。集会の中で二人は偶然に近い席に座っていました。そして二人とも、礼拝中にいやされたのです。

この人たちは、最初は「震えながら喜び」、礼拝していたのかもしれません。しかし喜び続けている内に、痛みから解放され、真の喜びを体験できるように変えられました。神はどのような時にも讃美を受けるにふさわしい方です。私たちが何かを受けたり与えたりすることに関心を抱くよりも、神ご自身との深い交わりを第一として歩んでいくのを神は願っておられます。

困難を体験しているなら、それは神に讃美のいけにえを捧げるチャンスの時です。自分の必要よりも、神に礼拝を捧げることに集中してください。神ご自身を知っている特権のゆえに喜び、環境がどうであれ、神を誉め称えるのです。神は私たちの中にその堅固な志と徹底した献身をご覧になり、御腕を動かされます。

このように主にあって自分を力づける人は、自己満足的な生き方とは正反対の生き方を示しています。自分を救うためには、まず自分を捨てなさいという御国の原則に従っているのです。力を必要としているなら、自分を神とその目的のために明け渡してください。そうすれば、神が超自然的な力をもってあなたを力づけ、励ましてくださいます。

ですから、皆さんにお勧めします。問題や必要を脇に置き、充分に時間を取り、讃美と喜びをもって神への愛情を捧げてください。その時、神の様々な祝福と助けを体験するでしょう。しかしそれ以上に、神ご自身の臨在が最高の祝福であることに、あなたは気づくでしょう。この生活を続けるなら、喜びに満ちた人格へと変えられていきます。神ご自身が、喜びに溢れる方だからです。神の近くに身を置き続けるなら、神の喜びがあなたに移るのを体験するでしょう。

第五章　隠れているものを現す

†主は小さく整えられた山小屋を、ご自身の住まわれる王宮に改造される†

神の民にとって最も力強い比喩の一つは、私たちが神の家であるということです。イエスの血によって神の御霊が私たちの内側に住んでくださるとは、何という驚きでしょうか。しかし、ある意味で神は、改造し、大掃除しなければならない家に引っ越して来られたのです。ですから、私たちがキリストを受け入れ、従うと心に決めた瞬間から、内側で大変革が始まり、真に神が住んでくださり、栄光に満ちた神の性質を世に表す住まいとなるように変えられていくのです。

ペテロはこの点について、次のように述べています。

あなたがたも生ける石として、霊の家に築き上げられなさい。そして、聖なる祭司として、イエス・キリストを通して、神に喜ばれる霊のいけにえをささげなさい。(第一ペテロ二・5)

パウロはローマ人への手紙一二章一節と二節の中で、特に心の思いにおける変革の業が継続的に行われる必要性を教えています。心は一新され、身体は「生きた供え物」として捧げなければなりません。

心を明け渡し、知性を新しくし、身体を神に捧げなければ、私たちの人生という家を建て上げる建築家であり大工でもある聖霊と協力して働くことはできません。C・S・ルイスは『普通のキリスト教』という著書の中で、この建築過程について説明しています。

自分自身が生ける家であると想像してみよう。神は家を建て直すために入って来られる。最初は神が何をなさっているのか、理解できるかもしれない。排水溝を修理し、雨漏りの穴を塞がれても、あなたは必要な処置と納得しているので、何も驚かない。しかし、次に神は家の形が崩れるほどに壁を叩き、揺らし始められる。これはとても理解できないので、いったいこの方は何をなさるのか、とあなたは不安を抱くのだ。

その説明はこうである。神はあなたが最初に考えていたのとは違った風に、全く新しい家を建てようとされている。床を広げ、翼廊《よくろう》を造り、建物の形を変え、高い塔を築き、中庭を整備される。こぢんまりとした山小屋を願っていたのに、神は王宮を建築しようとなさっているのだ。神ご自身がそこに住もうと計画されているからである。注1

この描写において鍵となるのは、神がなさっている働きの「説明」を理解することです。神は私たちを変革しようとされています。私たちの思いが神の目的と一致するように新しくされないなら、パウロが指摘するように、悪臭を放つ肉の思いを持って生きているのです。

というのは、肉の思いは神に対して反抗するものだからです。（ローマ八・7）

これは深刻な事態です。もし神の御心に従って心を一新していないとしたら、私たちの思いは神に敵対しているのです。中間的な位置はありません。キリストの思いを退ける時、聖霊の火は消されます。そして私たちの内に始まっている建築計画は邪魔されるでしょう。神は私たちが思い描いていた整った小屋を壊し、神が住まわれる壮大な王宮に造り替えようとされているのです。

神の目的にかなう建築

すでに見てきたように、主にあって自分を力づけるためには、心と精神と身体を神の目的に適合させなければなりません。そうすれば、困難と反対に出合っても、神の目的に対して真実であり続ける力を得ます。「力づける」という言葉は、私たちの人生という建築に、まさに必要な過程なのです。

興味深いことに、新約聖書の中で建築について書かれている箇所を調べると、ほとんどの場合、建築を実際に進めるのは私たちではなく、神ご自身です。神の任命を受けた弟子たちがキリストの体を建て上げる時も、実際に働いておられるのは神です。
パウロは自分のことを、神の家の土台を据える建築家に譬《たと》えています。

与えられた神の恵みによって、私は賢い建築家のように、土台を据えました。そして、ほかの人がその上に家を建てています。しかし、どのように建てるかについてはそれぞれが注意しなければなりません。（第一コリント三・10）

パウロはコリントで救われた人たちの共同体を建て上げていました。その中で、神ご自身が力強く働いてくださっていました。しかし、自分たちを建て上げるために、人が果たす役割について言及している聖書箇所が二カ所あります。

しかし、愛する人々よ。あなたたちは、自分の持っている最も聖い信仰の上に、聖霊によって祈ることにより、自分自身を建て上げなさい。（ユダ一・20新欽定訳）

聖霊によって祈るとは、具体的には聖霊が与えられる言語である異言で祈ることを指していると私は信じています。つまりユダは、異言で祈ることが自分自身を信仰の上に建て上げることになると示唆しているのではないでしょうか。私がそう信じる理由は、コリント人への第一の手紙にも同様の記述があるからです。

異言を話す者は自分の徳を高めますが、預言する者は教会の徳を高めます。

（第一コリント一四・4）

ここで「徳を高める」と訳されている言葉は、もともと「建て上げる」という意味です。同じ語源のエディフィスという言葉がありますが、それは宮殿を意味します。ランス・ウォールナウ牧師が教えるように、異言で祈る人は、内側に信仰の宮殿を建て上げているのです。神がその中に住まわれ、そこから神の目的を実現へと至らせる働きが進みます。

どうして異言で祈ることが信仰を建て上げるのでしょうか。その質問に答えるためには、異言で祈る時に何をしているのかを理解しなくてはなりません。パウロはこう説明しています。

異言を話す者は、人に話すのではなく、神に話すのです。というのは、だれも聞いていないのに、自分の霊で奥義を話すからです。（第一コリント一四・2）

異言を語る時、私たちの内側の霊が、声を通して聖霊と交わり続けます。新生を体験していただいた新しい性質から語るので、神の御心と完全に一致した言葉を語るのです。霊が語ることにたましいと身体が協力するなら、私たちの全人格が神の御心に一致し、身体をもって讃美を捧げた時と同じような打ち破りを体験することができます。神の明確な臨在の顕れを体験するのです。

あるいはこのように言うこともできるでしょう。私たちの内の霊は、すでに主の臨在がともにあるのに気づいています。しかし、異言の祈りを続ける時、霊が体験している神の臨在という現実を、たましいと身体も味わうようになります。

祈りによって秘密を明らかにする

私たちが御霊によって祈る時、どのように祈り、考えるべきかについて教えられます。イエスが天に昇られた後、父なる神がその目的のために聖霊を送られると約束されました。

しかし、その方、すなわち真理の御霊が来ると、あなたがたをすべての真理に導き入れます。

御霊は自分から語るのではなく、聞くままを話し、また、やがて起ころうとしていることをあなたがたに示すからです。御霊はわたしの栄光を現します。わたしのものを受けて、あなたがたに知らせるからです。（ヨハネ一六・13～14）

これは栄光に満ちた約束です。しかし聖霊はメガフォンを使って語られるわけではありません。また聖霊以外にも、誘いかける別の声があることを忘れてはいけません。聖霊が語っておられる声に耳を澄ますために、自分自身の声を沈めて主を待ち望む姿勢が必要です。私はその姿勢を「神の声に寄りかかる」姿勢と呼んでいます。異言で祈るのは、私たちの注意を引き寄せるあらゆるものから目を離し、神の臨在に注意を向け、神の声に寄りかかるのを助ける力強い道具であると言えます。

この姿勢を取ると、啓示の御霊が注がれ、私たちの理解力の目を開いてくださいます（エペソ一・18参照）。すべての人は理解力を得たいと願っているでしょう。人生に物事が起こる理由について、特に悲劇や危機が訪れる時、その理由を理解したいと思うのは当然です。

聖書の理解と周りの現実にギャップがあるとしたら、自分で作り出した解釈によってこじつけてはいけません。時には牧師や教師がこの誘惑にはまり、神が説明されていない理由を無理矢理に考え出してしまうことがあります。このようなプレッシャーに負けて間違った神学がたくさん生まれてきました。それは人工的な平和をもたらすように見えますが、人を一時的に満足させるだけで、神を喜ばすものではありません。

私たちがどのように祈ったら良いかわからない時、聖霊ご自身が私たちを助けてくださると聖書は約束しています（ローマ八・26参照）。さらに理解できない状況にある時、聖霊が与えてくださる異言の賜物を用いて祈るなら、主の思いと一致した祈りを捧げることができます。

それだけでなく、聖霊の導きに従って祈り続ける時、次第に神の臨在を認識できるようになり、結果的には必要としている理解力も与えられるのです。そしてパウロが教えているように、霊の祈りから知性の祈りへと移行していくなら、祈りにおける神との一致のレベルが一段ずつ上がっていきます（第一コリント一四・14参照）。御霊による祈りを通して神との一致が深まることが理解できれば、この種の祈りが信仰を建て上げる理由がわかるでしょう。

異言の祈りは人の知性を通り越し、直接、聖霊によって生まれた信仰を活性化します。信仰は知性から来るのではないからです。天の思いに一致するレベルと働く信仰のレベルには深い関わりがあります。イエスご自身の働きと説明によってもそのことは明らかです。イエスは父なる神がなさることを見て行い、命じられたことを聞いて語られました。

そこで、イエスは彼らに答えて言われた。「まことに、まことに、あなたがたに告げます。子は、

父がしておられることを見て行う以外には、自分からは何事も行うことができません。父がなさることは何でも、子も同様に行うのです。（ヨハネ五・19）

わたしは、自分から話したのではありません。わたしを遣わした父ご自身が、わたしが何を言い、何を話すべきかをお命じになりました。（ヨハネ一二・49）

言葉も行動も天の父と完全に一致していたので、天の現実を地上に持ち込む信仰を働かせることが可能であったのです。天の思いと一致し、神の臨在につながり続けるなら、神がどのような方であり、どのように働かれるかを理解するようになります。クリスチャンが信仰において成長するには、そういった理解が深まる必要があるのです。結果として、私たちは神ご自身のように考え、行動し始めるようになります。

神とともに祈る

ですから、最も効果的な祈りの生活とは、祈りの課題を適当に並べて誰かが答えを持ってくるのを期待して待っていることではありません。神の心に近づき、神が成し遂げたい働きについて聞いた上で信仰の祈りを捧げるなら、いつも確かな結果が現れます。そして神とともに働く協力者として、委ねられている権威を用い、私たちの環境の上に神の御心を宣言するのです。

生活の問題を解決するためだけなら、神が天から降りて来て助けてくれるのを求めるだけなら、神が願っておられるような特別な信仰がなくてもできる祈りです。弟子たちは命を危うくする嵐の中で、イエスを一生懸命に揺り起こそうとしました。世の救い主であるイエスに向かって、愚かな質問をしています。

ところがイエスだけは、とものほうで、枕をして眠っておられた。弟子たちはイエスを起こして言った。「先生。私たちがおぼれて死にそうでも、何とも思わないのですか。」（マルコ四・38）

イエスが問題を解決される方法を見て、弟子たちは度肝を抜かれました。さらに、弟子たちの祈りの声を聞いて、イエスは信仰のなさをお叱りになりました。誰でも命が危うい時には、神に助けを求めて叫び声を上げるでしょう。しかし、そのような祈りは信仰の表れとは限りません。

神が求めておられる信仰とは、神の御心を確信して宣言する信仰です。これが山をも動かす信仰であり、この場合に当てはめるなら、嵐を沈める信仰なのです。

聖霊は私たちを神の家として造り変えておられます。聖霊の働く目的は、聖書にはっきりと記されています。私たちが神に協力するなら、キリストに似た者へと変えられていくのです。そのために、すべてのクリスチャンはもっと成熟して、神がなさることを見、神が語られることを聞かなければなりません。そしてキリストがなさったように、神の御心と一致して信仰の歩みを踏み出すのです。

神の隠れた御心を明らかにするために与えられた聖霊の賜物の一つが、異言で祈ることです。心と精神と身体が神の御心と一致していくために、この道具は有効です。御霊によって祈ることにより、「最も聖い信仰の上に自分自身を建て上げる」方法を学んだなら、ただ神がやって来て問題を解決してくださるのを待つのを止めるようになるでしょう。その代わりに、神の御胸に寄りかかり、御声を聞き取り、示された神の御心を信仰によって宣言するようになります。

神が祈りに答えてくださるのは、かけがえのない体験です。しかし、私たちに力と命をもたらす源は、祈りの中で神の声を親しく聞き、隠れた御心を明らかにしていただくことなのです。

注1　C・S・ルイス『普通のキリスト教』p176

第六章　約束に捕らわれる

†神の約束を思い巡らすことは、あなたを力づける†

本書を通じて、自分自身を主にあって力づけるための道具は、私たちの目的と自己認識に関係があることを示してきました。自分がどのような存在であるのか、またどのような使命と目的を与えられているのか、その答えは神が私たちに語ってくださらなければわかりません。

心を一新するためには、神の御言葉に私たちの古い考え方を洗っていただく必要があります。まだ神の言葉が充分に自分の中に成就していない時であっても、信仰を働かせ、自分がどのような存在であるかについて、神の思いを受け取るのです。

ダビデが王となるための使命に歩み始めたのは、実際に王座に着いてからではありません。預言者サムエルが神の召しについてダビデに語ったその時から、ダビデは使命に歩み始めたのです。ダビデが荒野を歩んでいた日々、預言が実現しそうな状況はどこにも見当たらなかったでしょう。ダビデが握っていた証拠は、サムエルが語ってくれた言葉と頭に注がれた油の記憶だけでした。

ダビデは使命に進む歩みを止めたり近道を探したりはしませんでした。神が約束された言葉を堅く信じていたからです。ダビデの信仰は周りの環境ではなく、神ご自身に置かれていました。年月をかけ、神との親しい関係を築いてきたので、神がどのような方であるかという理解を深

めていたのです。サラと同様に、「約束してくださった方を真実な方と考えたからです。」（ヘブル十一・11）

約束に秘められた可能性

新生を体験した時、私たちは神が信じる者に約束された祝福を、すべて受け継ぎました。

その栄光と徳によって、尊い、すばらしい約束が私たちに与えられました。それは、あなたがたが、その約束のゆえに、世にある欲のもたらす滅びを免れ、神のご性質にあずかる者となるためです。（第二ペテロ一・14）

尊いすばらしい約束を通して、私たちはキリストの性質にあずかる者に変えられていくのです。しかし、実際にこれらの約束を所有するためには、三つのことが起こらなければなりません。

第一に、聖霊によって心に約束が語られる時、その約束を自分のものとする必要があります。前章で述べたように、聖霊はキリストのものを取って私たちに伝え、これから起こることを語られます（ヨハネ十六・13〜14参照）。聖霊が宣言される時、御国の約束が私たちの口座に預金されるのです。神が語られる時にはいつも、その言葉を通して預言の油が注がれます。誰か他の人を通して預言的な言葉が与えられ、あるいは励ましの祈りを通して語りかけを受けます。また聖書通読の中である一節が目に飛び込んできたり、夢や幻、静かな細き御声によって内側に語りかけられたりと、方法は様々です。その油注ぎの働きは、単に未来を告げるのではなく、未来を創り出すのです。それは約束の言葉が実現するためのレールが目の前に敷かれていくようなものです。

神は嘘をつくことができません。神の言葉はいつも神の性質と一致しているので、神の言葉には語られたことを実現させる力があります。天使の言葉とマリヤの応答に耳を傾けてください。

「神にとって不可能なことは一つもありません。」マリヤは言った。「ほんとうに、私は主のはしためです。どうぞ、あなたのおことばどおりこの身になりますように。」（ルカ一・37～38）

この「ことば」とはレーマであり、神が語ってくださる新鮮な言葉です。「不可能」という言葉の原語には、「能力がない」という意味が含まれています。つまり、原語を解釈しながら訳すと、こういう意味になります。

「神が語られる新鮮な言葉には力があり、常にその約束を成し遂げるための能力が伴うのです。」

神の約束の言葉にこのような力が潜んでいるのを理解するなら、約束してくださった方の忠実さを信頼できる理由がわかります。約束の実現を見るための第二のステップは、実際的な神への信頼を表すことです。感謝なことに、神の言葉を真理として信頼するために、その言葉をすべて理解する必要はありません。まず神の言葉を単純に受け入れるのです。そうすれば、あなたは使命に至る線路の上を進み始めます。

キリストを産むという驚くべき約束を受け取った時、マリヤはこの信仰を示しました。「あなたのお言葉通りになりますように」という返事に神への揺るぎない信頼が表れています。どのようにその約束が実現していくのか、マリヤに理解することはできませんでした。ただ神が語られ、神は真実な方であると信頼していたのです。マリヤはその信仰のゆえに、永遠に「祝福された人」と呼ばれているのです。何という目的のある人生でしょうか。

神の約束が実現するための第三のステップは、約束への信仰が試され、証明されなければならないということです。パウロはテモテにこのように指示しました。

私の子テモテよ。以前あなたについてなされた預言に従って、私はあなたにこの命令をゆだねます。それは、あなたがあの預言によって、信仰と正しい良心を保ち、勇敢に戦い抜くためです。（第一テモテ一・18）

聖霊が約束の言葉を与えられる時、あなたの口座に保証が与えられただけではなく、あなたの武器庫に武器が与えられました。これには二つの側面があります。

第一に、その約束の言葉を盗みに来る人たちから自分を守り、その言葉のために戦わなければなりません。第二に、約束の言葉を用いて戦い抜くなら、必ず勝利があります。キリストの人生の中にも、この原則を見ることができます。洗礼を受けられた時、父なる神が宣言を語られました。

また、天からこう告げる声が聞こえた。「これは、わたしの愛する子、わたしはこれを喜ぶ。」（マタイ三・17）

その後イエスは、悪魔の試みを受けるために荒野に導かれました。悪魔は「もしあなたが神の子なら…」と言って、語られた神の約束に真っ向から立ち向ってきました。イエスは聖書の言葉を用いて反論されます。

イエスは答えて言われた。「『人はパンだけで生きるのではなく、神の口から出る一つ一つのことばによる』と書いてある。」（マタイ四・4）

イエスは神が語られた言葉に基づき、神の言葉こそが命の源であるという根拠の上に立っておられました。神の言葉から離れて議論を戦わせることは拒まれました。自分の人生の上に語られた御父の言葉こそが充分な証拠であり、それ以外の神の性質の現れを見せる必要はなかったのです。父なる神から確かな言葉を聞き、受け取られたからです。

約束の実現に向けて

神の約束が私たちの内に実現するためには、イエスの態度に倣わなければなりません。神が語られた言葉以外のものによって自分の人生を定義することを、拒絶する必要があるのです。イエスはある時、パリサイ人たちをお叱りになりました。

こうしてあなたがたは、自分たちが受け継いだ言い伝えによって、神のことばを空文にしています。そして、これと同じようなことを、たくさんしているのです。（マルコ七・１３）

言い換えるなら、パリサイ人たちは自分たちの世界を定義するのに、神の御言葉を使わず、人間的な解釈と伝統を使っていました。「空文にする」とは、力のないものとみなすという意味です。宇宙を創るほどの力ある神の言葉にふたをして、働かないように抑えたのです。

神が言葉を語られる時には、それに伴う力が働き、実現のための充分な備えが与えられます。しかし、神が語られたこと以外の方法で人生を定義づけるなら、その力とのつながりが絶たれるのです。

神の言葉によって生きるためには、心と思いを常に御言葉と一致させる必要があります。つまり、神の約束を頻繁に思い返すのです。それだけではありません。約束の言葉を繰り返し思い巡らし、咀嚼してください。マリヤのように、主の言葉を心に留めて思い巡らしましょう（ルカ二・19参照）。東洋の瞑想においては心を空にすることを教えますが、聖書的な瞑想においては、心と口を真理の御言葉で満たさなければなりません。


この律法の書を、あなたの口から離さず、昼も夜もそれを口ずさまなければならない。そのうちにしるされているすべてのことを守り行うためである。そうすれば、あなたのすることで繁栄し、また栄えることができるからである。（ヨシュア一・8）

ヘブル語で「思い巡らす」という意味の言葉には、「口でつぶやく」という意味もあります。

聖書的な瞑想をするには、神の言葉を思うだけでなく、口に出して繰り返し告白しなければなりません。ヨシュアが語られた内容によると、繰り返し御言葉を口ずさむことが、約束を成就させる能力を得るための鍵です。

御言葉を自分の人生に語りかけ、神の御心に従って使命を宣言する時、その御言葉が実現するための聖霊の油がより大きく注がれます。ヨシュア記の聖句によると、これを実行することによって、実際に繁栄の道を切り開くことになるのです。

神の約束を思い巡らすのは私たちにできることであり、人生の方向性を決めるために必要なことです。それは主にあって自分を力づけるための重要な方法であり、正しい自己認識と目的に歩むのを助けます。神の約束を思い巡らし、告白することによって、私たちは強められるのです。

船の舵を取る

私は自分に語られた約束や預言の言葉を書き留めるようにしています。船の舵のように、約束の言葉は思いと願いを方向づけ、人生に影響を与えるからです。短い言葉は縦三センチ横五センチのカードに記します。長い言葉はパソコンのファイルに書き込みます。ブリーフケースに入れて、どこにでも持ち歩くのです。いつでも時間があれば読み返し、思い巡らします。

一年の半分くらいは旅行をしているので、飛行機の中でも約束の言葉を読み返します。周りを見渡すと、アップルやフォードなどの会社に勤める人たちがビジネスの計画を練ったり、戦略会議のノートを準備したりしています。対照的に、私はキリストの思いを黙想しているのです。三×五の小さなカードを通して、自分が神の国を代表する者であることを思い起こし、この世における御国の使者としての権威と責任が与えられているのを再認識します。

神がお持ちでない思いを自分の頭に抱く余裕はありません。神が私について言われるのと同じ思いだけを持つように訓練しなければ、神の目的を効果的に果たすのは不可能です。

また聖霊が私の人生に関して示される聖書箇所を定期的に読むようにしています。聖霊が御言葉を宣言される時、約束の言葉が個人的な所有物となります。これらの約束は豪邸の中で私に割り当てられた部屋のようです。神にあって、私たちが滞在し、休むことのできる場所です。ローマ書八章二三節によると、私たちの使命が果たされるために、内側に聖なるうめきが与えられます。

詩篇の作者が次のように述べているのも、同じ真理を指していると思います。

淵が淵を呼び起こし、あなたの波、あなたの大波は、みな私の上を越えて行きました。

（詩篇四二・7）

この箇所の前半は「深みが深みを呼ぶ」と訳すこともできます。私が心の深みから叫ぶと、主の深い願いが応答し、神が約束された「神の子」としての使命が果たされるようになります。失望落胆している時には、これらの聖句を読み、神の約束の部屋に憩うのを感じ、再び心が燃え始めるまで黙想します。ヨシュア記の一章五節から九節の御言葉は、三五年間、私が逃げ込んで憩うことのできる部屋の一つでした。

単に暗唱した御言葉であるという意味ではありません。私の人生に与えられた個人的な約束なので、たびたびその場所へ行き、休息とリフレッシュを体験し、神から与えられている目的を再確認してきたのです。

しかし、私にとってこの点で最も重要な役割を果たしてきたのは、詩篇であると思います。感情的、精神的な攻撃を受け、霊的に渇き、信仰の葛藤を覚える時、いつも詩篇に身を避けてきました。詩篇を読み始め、自分自身の心の声を詩篇の中に見出すまで、読み続けるのです。人類に知られているあらゆる状況が詩篇に詠まれています。現在直面している問題に関わる節を、必ず詩篇の中に見つけることができます。

詩篇のページ中に自分の心の叫びを見つけるのに、二〇篇から三〇篇読み続けることもあります。そうしてついに、自分の憩える部屋を見つけるのです。そこに留まり、繰り返し読んで魂を養います。時には、即興のメロディに乗せて詩篇の言葉を歌うこともあります。また、ある時には、詩篇に用いられている事柄を讃美の武器として用います。しかし、敵に焦点を当てることはしません。詩篇の部屋に留まることにより、穴に落ち込んでいた自分を信仰によって穴の外に連れ出し、憩いの場を見つけるのです。

約束を受け継ぐ

あなたの人生に対する主の約束を宝として心に蓄え、思い巡らすことは大切です。主の声をどれだけ重視し、適用するかにより、さらなる主の約束をどれだけ呼び寄せることができるかが決まります。ローマ書一〇章一七節によると、信仰は聞くことから始まります。またヘブル書十一章三三節では、昔の人たちが約束を受け継いだのは信仰によると書かれています。「聞くこと」と「約束を得ること」の間には信仰が存在します。

神の約束を宝物として心に蓄え、祈りと黙想によって御言葉を魂の錨とするなら、その約束を語られた方に対する実際的な信頼を表すことになります。神は私たちの内に信頼の心を見て、さらに多くのものを任せてくださいます。

与えられた約束を受け継がせるために、聖霊が遣わされました。聖霊と継続的に交わり、御声を聞くことができなければ、約束された遺産を自分の口座に受け取ることはできません。

「『人はパンだけで生きるのではなく、神の口から出る一つ一つのことばによる』と書いてある。」

（マタイ四・4）

聖書によると、かつて語られた言葉によって生きるのではなく、今、神の口から出る言葉によって生きるのです。現在形の動詞が使われているのに注目してください。聖書のページに聖霊が息を吹きかけ、命と目的が生まれます。聞いた言葉を心に蓄えて思い巡らし、心の思いと感情と振る舞いがその言葉に一致するように訓練する時、その言葉が私たちの内に宿るようになります。内に宿る言葉は聖霊とともに働き、私たちに御声を聞く能力を与え、御言葉の現実を生活の中に表していきます。

イエスはこの点でパリサイ人をお叱りになりました。

また、わたしを遣わした父ご自身がわたしについて証言しておられます。あなたがたは、まだ一度もその御声を聞いたこともなく、御姿を見たこともありません。また、そのみことばをあなたがたのうちにとどめてもいません。父が遣わした者をあなたがたが信じないからです。あなたがたは、聖書の中に永遠のいのちがあると思うので、聖書を調べています。その聖書が、わたしについて証言しているのです。それなのに、あなたがたは、いのちを得るためにわたしのもとに来ようとはしません。（ヨハネ五・37〜40）

言い換えるなら、御言葉を内に留めているかどうかは、神の臨在を認め、神がなしたいと願っておられることを信じるかどうかにかかっています。またこの叱責によると、命の源であるキリストご自身に向かわなければ、聖書の言葉が私たちの内に生きて留まることはないと言えます。啓示によって神ご自身と出会うか、そうでなければ宗教的になるだけです。宗教的な人たちは、力のない形式だけで満足しています。

聖書から約束の言葉が示される時、私たちは約束の与え主であり、実現する方である神を求めなければなりません。反対に、神の言葉が私たちのうちに留まっていないとすれば、深刻な問題です。パリサイ人たちは最大の過ちを犯しました。メシアが来るように祈ったのですが、そのメシアが目の前に現れた時、認めることができなかったのです。それは神の言葉が内に宿っていなかったからです。

ヨハネ五章三八節にこう書いてある通りです。

また、そのみことばをあなたがたのうちにとどめてもいません。父が遣わした者をあなたがたが信じないからです。

私たちは神の口から出る一つひとつの言葉によって生きます。同様に、神の言葉を聞かず、それによって生きようとしないなら、命から離れるのです。このような過ちに陥らないために、約束の言葉や預言を記録し、黙想することを強くお勧めします。確かに主からの言葉かどうか確信できないものでも、一応書き留めておいてください。時が来ると、聖霊がその言葉にも息を吹きかけ、命をもたらされるかもしれません。書き留めるだけでなく、何度も読み返してください。

また「神の声によりかかる」姿勢で聖書を読むことを勧めます。期待しながら耳を傾けるなら、神の言葉を受け取るようになります。単なる情報や質問の答えを得るため、あるいは頭で分析するために読むのではなく、聖霊の声を聞き、あなたのための個人的な言葉を心に受け入れてください。心に聖霊の声を聞く時、「完全に意味はわからないけれど、これはまさに今必要な言葉だ!」という感覚を覚えるでしょう。それを受け取り、書き留めてください。黙想し、宣言しましょう。そうすることにより、あなたは永遠の目的へと導かれていくのです。

第七章　証を守る

†証は世代間を神の約束へとつなぐ†

地球上の王として祭司として、私たちには二重の責任が与えられています。第一に、人間を代表して、神にとりなしをします。第二に、神を表す者として、この世の人々に御国の福音を宣べ伝え、実際に示します。キリストはこの両方において、私たちの模範です。ご自身の死を通して、人類を代表して罪の裁きを担ってくださいました。

したがって、ご自分によって神に近づく人々を、完全に救うことがおできになります。キリストはいつも生きていて、彼らのために、とりなしをしておられるからです。（ヘブル七・25）

またイエスは人に神を表す方としての務めを果たされました。

御子は、見えない神のかたちであり、造られたすべてのものより先に生まれた方です。なぜなら、万物は御子にあって造られたからです。天にあるもの、地にあるもの、見えるもの、また見えないもの、王座も主権も支配も権威も、すべて御子によって造られたのです。万物は、御子によって造られ、御子のために造られたのです。御子は、万物よりも先に存在し、万物は御子にあって成り立っています。

また、御子はそのからだである教会のかしらです。御子は初めであり、死者の中から最初に生まれた方です。こうして、ご自身がすべてのことにおいて、第一のものとなられたのです。なぜなら、神はみこころによって、満ち満ちた神の本質を御子のうちに宿らせ…（コロサイ一・15～19）

イエスは「神のかたち」であり、「神の本質」を内に宿らせた方です。つまり、イエスこそが完全な神学なのです。キリストに属さない何かが神の性質にあると考えるのは間違いです。イエスは御父の思い通りに行動し、語ることにより、その人生とミニストリーを通して父なる神を表されたのです。

イエスが証明された重要な真理の一つは、力を表さずに神を表すのは不可能だということです。イエスと少数の選ばれた油注がれた使徒たちだけが奇跡を行うのではありません。キリストの上に注がれた油は、すべての信者に注がれる聖霊と同じです。

聖霊によって、神の祭司となり、王となる資格が与えられます。そしてキリストがなさった働きを受け継ぎ、神がどのような方かを表す責務が私たちに委ねられています。

証は神の性質を表す

奇跡の領域を歩むのは、信者としての自己認識と目的に関わる重要な側面です。長年、悪魔は神の人がこの領域に入らないように、偽りの教えを吹き込み続けてきました。感謝なことに、現在、クリスチャンが超自然の領域を歩むことができるという理解が広く回復されています。

それに伴い、私たちが受け継いでいる最も深い宝であり、有効な道具である「証の力」が明らかになっています。証とは、神がなさった働きを話したり書いたりすることにより、記録し伝えていくことです。新生を体験して以来、この記録のすべては家族の歴史の一部として残るのです。

ダビデはこう宣言しました。

私は、あなたの証を永遠のゆずりとして受け継ぎました。これこそ、私の心の喜びです。

（詩篇一一九・111新標準訳）

つまり、神が成し遂げられたすべての奇跡としるしの話は、神に連なる者になったゆえに、私たちが受け継ぐべき話となったのです。

神の証は、神の目的に歩み、奇跡を通して神の性質を表すために、私たちを整えてくれる道具です。第一に、証は神がどのような方か、またどのように働かれるかを表します。証は神の道を示しているのです。次に、神がどのような方かを示されると、私たちの人生に神の道が表されるという期待感が生じます。

証と訳されるヘブル語の原意には、「再び行う」という意味が含まれています。何世代も前になされた神の業が記録され、証される時、神は今でも再び同じ業を行われると期待してよいのです。

イエス・キリストは、きのうもきょうも、いつまでも、同じです。（ヘブル一三・8）

そして神は、分け隔てなく働かれる方です（使徒一〇・34参照）。それだけでなく、黙示録には次のように書かれています。

そこで、私は彼を拝もうとして、その足もとにひれ伏した。すると、彼は私に言った。「いけません、私は、あなたや、イエスのあかしを保っているあなたの兄弟たちと同じしもべです。神を拝みなさい。イエスのあかしは預言の霊です。」（黙示録一九・10）

前章で述べたように、預言的な油注ぎは、神が将来なさることを予告するだけではなく、語られたことが実現するための創造的な力を生み出します。証を通しても、同じ油注ぎが与えられます。神が過去になさった業を語る時に、聞く人たちの人生にも同様の業が成し遂げられるのです。

神の証によって、各世代のクリスチャンたちが神の契約につなげられます。このため、神はモーセの律法の中で、イスラエル人が日々証を繰り返し、子供たちに継承していくようにと教えています。社会生活、家族生活の全体が、繰り返される証の上に建てられていたのです（申命記六章参照）。ヨルダン川を渡って約束の地に入った時など、記念碑として石を積み上げるようにも命じられました。神がなさった御業を覚えるためです。

神の証は世代間を神の約束へと結び付けます。次世代の子供たちが記念碑の近くを通る時、これには何の意味があるかと質問するなら、親は川を奇跡的に渡った証をするのです（ヨシュア記四・5〜7参照）。「あなたの神はこのような方ですよ」と教えるためです。親は子に語ります。「あなたは神が与えてくださったこの地を受け継ぎ、約束を所有しなければなりません。神はあなたの世代にこれらの約束を成就してくださるのです。」

ダビデは次のように説明しています。

主はヤコブのうちに証を置き、教えをイスラエルのうちに定め、私たちの先祖たちに命じて、これを子供たちに教えるようにされた。後の世代の者、生まれてくる子らがこれを知り、彼らが立ち上がり、その子らにも語り告げるため、彼らが神に信頼し、神の御業を忘れず、その仰せを守るためである。（詩篇七八・5～7新欽定訳）

期待感を高める

証を語り継ぐことにより、イスラエルは神に望みを置くようになりました。奇跡的な力をもって神が介入してくださるという期待感を高く保つために、証が用いられたのです。期待感の強さは信仰のレベルに影響を与えます。そして神の命令に従うには、信仰が必要です。

キリストの「病人をいやしなさい」、あるいは「隣人を愛しなさい」といった命令は、信仰によって与えられる聖霊の超自然的な助けなしでは実行できません。同様に、イスラエル人は敵から約束の地を奪い取り、国を建て上げるという使命を受けていました。信仰による神の力が介入しなければ、不可能な任務です。

不可能な働きを成し遂げる戦略と力を神は与えられました。神が過去になさった御業を覚え、信仰によって神の戦略に従うなら、超自然的に勝利が与えられるのです。しかし、証を継承するのを怠るなら、奇跡への信仰が消滅し、命令に従えなくなります。

旧約聖書に記されているイスラエルの歴史を学ぶと、神がなさった御業を忘れることにより、契約から次第に離れていくパターンに気づきます。ダビデはそのような世代について、詩篇七八篇で述べています。

エフライムの人々は、矢をつがえて弓を射る者であったが、戦いの日には退却した。彼らは、神の契約を守らず、神のおしえに従って歩むことを拒み、神の数々のみわざと、神が見せてくださった多くの奇しいことを忘れてしまった。（詩篇七八・9〜11）

この人たちは戦いのために武装していました。神が備えなしで戦場に遣わされたのではありません。しかし、神が父祖のために成し遂げられた御業を大切にしませんでした。もし覚えて宣言すれば、預言的な油が注がれ、神が同じ御業を繰り返してくださるという信仰と勇気が生まれたはずです。その証を忘れてしまったのが問題でした。それによって、戦いに直面するための力と信仰を失ったのです。

忘れるという愚行の代価

信じられないような驚くべき奇跡的な神の業を見ても、人間が簡単にそれを忘れてしまうのには驚かされます。しかし、一夜にして忘れるわけではありません。たとえば癌が瞬間的にいやされます。最初は興奮していますが、時が経つにつれて少しずつ話さなくなり、記憶も下降線を辿り続けます。そして、他の問題で心を忙しくするようになります。

証を語らなくなると、もう一度奇跡が起こるという期待感は薄れていきます。期待感が薄れると、奇跡が起こる機会が訪れても、信仰をもって踏み出せなくなるのです。こうして奇跡を体験するのはまれになり、ますます話さなくなります。

あまり話さないので、期待しない。期待しないので、体験しない。そうした悪循環の結果、癌を患う人に会うと、「ああ神さま。いったいどうしましょう。」とつぶやくのです。以前に神のいやしを目撃したことがあるのに、期待感も信仰も薄くなっています。

イスラエルの兵士たちと同様に、矢や弓などの道具は持っていても、ある大切な事実を忘れています。証を語り合うことによって生じる信仰に立たない限り、私たちの前に奇跡的な勝利を体験する機会が訪れても、背を向けてしまうでしょう。

もし旧約聖書を学んだなら、イスラエルが証を忘れて敵を倒せなくなった時、どんなに深刻な結末を迎えたかに気づくでしょう。妥協して、同じ領土内に敵と同居する道を選んだイスラエル人は、偶像崇拝の誘惑に自分たちを晒《さら》すことになりました。その結果、神との契約を破り、あらゆる呪いと問題を招いたのです。

神の民としての自己認識を失い、周りの民と同じようになりました。証を語り継がないことにより、神がどのような方かを忘れ、自分たちがどのような存在かも忘れてしまったのです。イスラエルと同様、クリスチャンが世の人々と違う点は、神が私たちの間で働いてくださっていることだけです。

神の御業を忘れてしまうなら、他の人と変わらない存在になります。それどころか、証を通して神の啓示を一度受けた者として、より厳しい刈り取りをすることになるでしょう。証が神にとっても重要であることを忘れるなら、人々が神と出合う機会を奪ってしまうことになります。

不可能な領域に侵略する神

神の働きに対する記憶が下降線を辿ることなく、力をもって神を表すために、どうすれば証を保てるのでしょうか。神が最初に示された処方箋に従うのです。個人の生活、家庭、教会の中に、証の文化を築き上げなくてはなりません。起きる時も、食事をする時も、仕事に行く時も、寝る時も、証を語りましょう。神がなさったことを覚え、定期的に思い出すのです。

自分が目にした奇跡を記録するために、何年も前に日記を付けるのは得意ではありません。神の力を確信しながらも、人は見た奇跡を忘れる傾向があるのが良くわかっているので、日記を付け始めたのです。奇跡を忘れるのがどれほど深刻な問題であるか、理解しています。子供たち、孫達、未来の世代に対して、神が介入された記録を残す責務があります。この証自体が彼らの受け継ぐ遺産となるでしょう。

牧師として、私はこの原則をスタッフと会衆に強調して教えています。すべてのスタッフ・ミーティングや役員会は、先週、あるいは先月に神がなさった働きを一時間か二時間かけて分かち合うことから始めます。不可能な問題を克服してくださった神をはっきりと覚えないままで、新たな計画を適切に立て、方向付けることはできないのです。

こうした証を明確に認識しなければ、信仰と勇気に欠けた状態で計画を立てるので、神が任せられた務めを全うする計画にはなりません。はっきりと認識していれば、会議が終わった時に一人ひとりの心は神の力と恵みに満ち、今週も神が力強く働いてくださると確信することができるのです。

その会議の中で聞いた数々の証は、一人ひとりの持ち運ぶ武器となります。これから出合う人たちに、この証を分かち合うことにより、同じような奇跡を体験する機会を増やしていくのです。

不可能を克服される神をはっきりと認識しないなら、自分の賜物の範囲だけに働きを限定してしまいます。私たちの賜物は船の帆のようです。港（教会）で互いの帆をいくら褒め合っても、風が来なければ意味はないのです。賜物を通して神の風を受け取る時、人間的には不可能なことが可能になります。証は帆を高く揚げ、風を受け止める役割をするのです。

ベテル教会の会衆も訓練学校の生徒たちも、証の価値を同様に受け止めています。スタッフ・ミーティングなどで話し合われる証は彼らの話です。つまり、人々は神の力を用いて奉仕をするだけでなく、それを語り合い、その話が私たち指導者のところに再び戻って来るのです。証の文化を築いた結果、証を分かち合うことによって生まれる新たな奇跡の証を聞くことが増え続けています。

ある日曜日、証の力について講壇から教えた後、小さな男の子が内反足をいやされて走り回っている姿をビデオで映し出しました。このビデオを見て興奮した訓練学校のある生徒たちは、翌日商店街に出て行き、病気を持っている人たちに会って祈ることにしました。ギブスを嵌《は》め、杖をついて歩いている一人の女性を見て、奇跡の標的が来たと思いました。彼女に声をかけ、内反足がいやされた男の子の話をしました。話を聞いて心を動かされた女性は、膝の腫瘍《しゅよう》のために祈ってほしいと言いました。

祈ると腫瘍が消えていくのがわかったので、ギブスを外しました。女性のために祈っていた青年たちの一人が、「神さまの火が背中のこの辺りに触れています。」と言って、ある部位を指さしました。そこにはもう一つの腫瘍があったのですが、彼女は黙って言わなかったのです。驚いて確かめてみると、その腫瘍も消えていました。

女性はギブスと杖を片腕に抱え、「もうこんな道具は必要なくなったわ」と言いながら、もう片方の腕に孫を抱え、商店街を去って行きました。

この女性が体験したいやしは、証の持つ預言的な力によるものです。証を分かち合うことによって、神が同じ御業を再び行われる機会が用意されたのです。証を分かち合うほどに、奇跡は増え続けます。それは私たちの教会や組織を超えて、世界へと広まっていきます。

私は世界中を旅し、様々な教えをします。その中で、この「証の力」ほど、教会のあり方を劇的に変える教えは他にないと思います。証を通して、人々は神にある真の目的と使命に立ち帰ることができるからです。

証を通して遺産を残す

神はすべてのイスラエル人に証を守る責任を委ねられました。それは指導者だけではなく、すべての人の責任でした。一人ひとりが証のライフスタイルを築く責任があるということは、証が自分自身を励まし、力づけるための主要な道具であることを示しています。

他の人に自分の証を管理させることはできません。証を語り合うだけではなく、思い巡らす必要があります。思い巡らす時には、想像力が働きます。想像することは、ある程度体験することであり、体験によって心は革新されるのです。

詩篇六六篇にはこう記されています。


さあ、神のみわざを見よ。神の人の子らになさることは恐ろしい。神は海を変えて、かわいた地とされた。人々は川の中を歩いて渡る。さあ、私たちは、神にあって喜ぼう。（詩篇六六・5〜6）

詩篇の著者は実際に紅海が分かれるのを見たわけではありません。ヨルダン川の上を歩いた人たちを目撃したわけでもありません。聖霊によって霊感を受けて想像力を用い、語り継がれてきた神の業を自分自身の歴史に組み込んだのです。皆さんが個人的にあまり奇跡を体験したことがないと感じるなら、神の物語はすべてあなたのものであることを思い出してください。

聖書に出てくる奇跡を調べ、さらには歴史上の聖徒たちの証を集めてください。またあなたの周りのクリスチャンの証も集め、それらについて黙想するのです。証を聞き、覚え、黙想することにより、心が変えられ、信仰の領域から物事を見るようになります。
ダビデは証を黙想することにより、神の力強い啓示と理解を得るようになったと証言しています。

私は私のすべての師よりも理解力があります。それはあなたの証を私が思い巡らすからです。

（詩篇一一九・99新欽定訳）

この高い理解力のゆえに、ダビデは旧約聖書の中で唯一、王と祭司の両方を務めることのできる人物となりました。聖霊が人の上に完全に留まり続けなかった旧約の時代に、ダビデが証の力によってこれほどの理解力を得ていたとすると、知恵と啓示の御霊が内側に注がれている現代において、どれほどのレベルに到達できることでしょうか。

王として祭司として、私たちは神との間に家族の歴史を共有し、その土台の上に今の自分があることを認識しなければなりません。どこから来たのかを知らなければ、これからどこに向かうのか、そしてどうやってそこに行くのかを知ることはできません。正しい方向に歩んでいくためには、証を大切に守らなければならないのです。

第八章　環境を支配する

†イエスは人の必要によってではなく、御父の心に応じて行動された†

主の証を黙想し、神の預言や約束で自分を満たし、人生を建て上げていく時に、面白いことが起こり始めました。同じような証を持った人々が、追尾ミサイルのように私を見つけ出すようになったのです。証そのものに預言的な油注ぎがあるので、まるで継続的に預言を受けているような状態でした。結果として私が世界中のどこにいようと、充分な励ましと支えがあったのです。それは本当にすばらしい恵みでした。神が価値を認めている所に私たちも価値を見出す時、祝福が追いかけてくるのです。

主の約束と証を重視することによって、さらに約束や証が増し加えられる原則について、イエスは次のように説明しています。

聞いていることによく注意しなさい。あなたがたは、人に量ってあげるその量りで、自分にも量り与えられ、さらにその上に増し加えられます。（マルコ四・24）

イエスは単に、実際の耳で感知できる音に対して言及しているわけではありません。イエスが語っているのは、ただ音を拾うという意味ではなく、注意深く聴くということです。注意深く何かに耳を傾ける時、その何かに注目し、集中します。それによって価値観と信念において影響を受けるのです。これらの信念と価値観こそが、自分のいる環境で何を聞くか、どこに耳を傾けるかの基準を決定します。この基準によって、私たちは特定の人々を引き寄せるようになります。

私は自分の耳に対して、証を大切にするという基準を定めました。それによって、同じ基準を持っている人々の注意を引くことになります。逆を言えば、神を敬わない基準を持っている人々も、そのような基準を持った人々の注意を引くことになります。

たとえば、うわさ話が好きだという評判の人を、一度も会ったことのない五十人の同僚がいる新しい職場に連れて行くとします。一週間ほどすると、他のすべてのうわさ好きの人たちが、その人の周りに集まってくるでしょう。霊的な領域において、私たちは同じ価値観を持つ人々と何かしらのつながりを持つようになります。それによってお互いに引き合うようになるのです。

耳に基準を設ける

耳に設ける基準により、自分自信を強める能力の大きさを決定することになります。他の何よりも、神の声を聞くことによって、自分たちを強めることができます。ところで、自分を強めることにおいて、力の源は自分の内にはないということを明確に理解してください。聖書はこう述べています。

私は、私を強くしてくださる方によって、どんなことでもできるのです。(ピリピ四・13)

そして御子はその力あるみことばによって『万物』を保っておられます。(ヘブル一・3)

万物の中には私たちも含まれています。つまり、武器庫の中にある武器のすべては、主の声を聞くことによって得る力を引き寄せるようにと設計されているのです。主の声を聞くことにより、また従うことにより、契約を打ち立てます。その契約こそが、私たちの人生と環境に天からの力を引き寄せます。

先ほど言ったように、自分の耳に設ける基準こそが、天の視点によって生き、天の視点によって物事を語る人々との交流による力を引きつけます。つまり、意識的に同じ価値観を持つ人と交流し、違う価値観を持つ人との関係を抑えることによって、自分を強くすることができるのです。

もちろん聖霊に導かれる人には、どのような人でも伝道する使命を与えられていると信じています。その人たちの状態に関係なく、神の愛と力を見せる必要があります。また、同じ職場で働くようにと神が導かれる人がいます。しばらく一緒に過ごした後に友人になり、それからイエスを紹介し、弟子化していく場合もあります。しかしこのような人間関係は、考え方や価値観によって影響を受けるべき人たちとの関係づくりとは、また違う話です。

どのような人々が近くにいるのか、そしてどのような人から影響を受けるかに、充分に気をつける必要があるのです。

契約を結ぶことによって力がもたらされる

特に配偶者のような、親しい友情を育む相手との関係は力強いものです。その関係は契約の上に成り立っているからです。契約においては同意が結ばれます。その同意によって、人生を支配している霊的な領域が相手に流れ出し、相手からも流れてくるようになります。

だからこそ、常に神の国の実を表している人々と交流をすることが重要です。信仰の人たちと深い交わりを保つ時、常に増し加わり続ける力の源につながることになります。多くの場合、あなたが力強く歩めるかどうか、また難局を切り抜ける能力があるかどうかは、その源に頼るところが大きいのです。

私は本物の信仰を持つ人々と親しい交わりがあるので、たいへん祝福されています。単純に傍にいるだけで、度々力づけられ、引き上げられるのを体験してきました。多くの場合、その当時ぶつかっていた問題について言及することもできませんでしたが、それでも勇気づけられたのです。これにはいくつかの理由があります。

一つ目に、互いに影響を与える時、互いに持つ敬意と愛が命の交流を生み出すからです。友人たちは信仰の人ですから、自然に希望、約束、喜びが滲み出ているのです。一緒に時間を過ごす時、友人たちの態度と霊性が私に影響を及ぼすまでに、多くの時間はかかりません。

庭園から雑草を取り除く

逆に言えば、単純に身体的に疲れている時や感情的に不安定な状況にある時、不平不満や批判を言う人の近くにはいないように気をつけなくてはなりません。以前から、不信仰や否定的なことを言う人々を識別し、敏感にその影響を避けるように努めてきました。通常通り、その人たちを導いて奉仕はしても、私自身の人生に影響を及ぼさないようにします。また特に弱っている時は、もっと意図的にその人たちを避けます。

あまり情け深い行動のようには聞こえませんが、批判や疑いから自分の心を自由な状態に保つ責任は、私自身にあるのです。否定的な精神が自分に影響を与える状況にいるかどうかも、自分にしかわかりません。

人の価値観や個性が人にどのように強い影響を与えるかは、ソロモンの忠告を通して知ることができます。


おこりっぽい者と交わるな。激しやすい者といっしょに行くな。あなたがそのならわしにならって、自分自身がわなにかかるといけないから。（箴言二二・24～25）

信仰によらない忠告が、すべて不信仰な者から来ているわけではありません。多くは良かれと思って忠告してくれるのですが、私が持っている信仰的な見通しを彼らは持ってはいません。実際に主に対しての信頼を強めるよりも、彼らと同じ考えを持つようにと働きかけてくることが多いのです。そのような影響から自分を守るのは、私の仕事です。

自分が不安定な時はなおさらです。心は庭園のようなものです。御国を植えるのが上手な人がいれば、雑草を植えるのが得意な人もいます。私たちの仕事は、それらを見分けることです。

一人でいるとき

聖書によると、状況に応じてイエスは弟子たちを群衆から連れ出し、ともに休むように配慮されました。リバイバルの歴史は、いつ、どのようにして休息を取れば良いかを知っている神の人が、少数しかいないことを教えています。

数々の事例において、数千もの人々を救い、いやし、解放に導いた人が、「群衆から離れて身体の休養を取らなければ、ミニストリーを維持することができない」という一つの知恵を見抜けていないのがわかります。彼らは自分の焦点を神の国に向けさせてくれる友人や家族たちと、命溢れる交流を続ける必要がありました。結果として、多くのリバイバリストが若くして天に召されたのです。そして家族の多くが霊的にも肉体的にも苦しむことになりました。

これらの歴史が教える教訓を無視することはできません。王である祭司としての役目を果たすために、神からのより大きな評価と好意、そして油注ぎを受ける人になりたいのであれば、必要が満たされていない人々から絶えず注目を浴びるようになるという事実を、しっかりと受け止めるべきです。人々の必要は奉仕者に大きな圧迫を与えます。そしてその圧迫は、イエスが行なっている業よりも、人々の必要に目を向けさせようと働きかけてきます。

主は働きを通して多くの人の必要を満たされましたが、同時に他の多くの必要を通り過ぎられたのです。一人の人として、自分の務めを完成させるためには、人々の必要に目を向けるのではなく、御父の心だけにつながっている必要がありました。イエスは、人々の必要に応じて働かれたのではなく、御父の心に応じて働かれたのです。

父なる神との深い交わりと、契約に基づいた人々との親しい交わり。これによって、人々の必要を満たそうと努力するためではなく、神に対する従順と信仰によって奉仕する人に変えられます。自分を無防備な状態に晒してしまう人は、周りにいる信仰の人たちや、神との深い交わりに不足している場合が多いのです。

ミニストリーを行なっていくと、人々とのつながりや、愛されている状態を強く感じることができます。しかし、実際には契約に基づいた責任のある交わりがなければ、いつかは燃え尽きるか、妥協することになってしまいます。だから神は、神の働きではなく、ただ神との友人関係を学ばせるために、働き人をあえて奉仕から引き離されることがあります。すべての御霊の実は、神との深い関係によって与えられるのです。

三つの重要な課題

委ねられた使命の道を進み続けるために、乗り越えなければならない三つの重要な課題があります。

最初に、悪魔からの攻撃があります。悪魔は古い性質や中毒性を用いて罪を犯させようとします。私たちが少しずつ造り変えられ、神を求めるように訓練されると、徐々にそれらの誘惑はあまり興味のないものとなります。

次に、造り変えられる途中で、自分自身が障壁となることがあります。古い制限された考え方が、神が教えようとしていることを受け取るのを妨げ、神に従うのを邪魔するのです。

しかし最終的に、最も避けるのが難しい障害は、悪魔からでも自分からでもなく、神ご自身から来ます。神の祝福、寵愛、成功、奇跡、その他のすばらしい賜物などです。もちろん、それらは私たちの喜びと成功のために与えられます。しかし、神ご自身よりも神の贈り物を選ぶかどうか、という選択肢を突きつけることにもなるのです。

神や周りの信仰の人々との関係によって得る利益だけに注目しているなら、愛に背くことになります。むしろ相手の利益のために、何を与えることができるかという姿勢を、心にしっかりと定めなくてはなりません。また、親しい関係の人たちに与えなくてはいけないものを、代わりに契約していない人々に渡すということがないように決心する必要があります。

契約の関係にある人たちの祝福のために力を使うのは、自分が力を必要とする時のために、種を蒔くようなものです。それが父の御国の性質なのです。

健全なユーモア

最後に一つだけ付け加えます。

私が大きな必要を抱えている時、継続的に励ましてくれた信仰の人々は、みな優れたユーモアのセンスを持っていました。私は自分が大変な時、深刻になり過ぎて笑いを制限する癖があります。苦しい時に喜ぶには、信仰が要ります。しかし落ち着いてリラックスできる人々とただ一緒にいるだけで、笑いが身近に起こる雰囲気の中に自分を置くことができます。

時として、親友とただ一緒に過ごし、面白いことを語り合い、喜びを分かち合い、自分たちのことを面白おかしく話すだけで、優れた医者にかかるような効果があります。笑いは本当に良い薬になるのです。

第九章　切なる叫び

†問題ではなく、神の答えに焦点を当てる†

†神は私たちが成功するのを願っておられる†

†乾いた地であなたを支えるために、聖霊は水を注がれる†

本書で示した主にあって自分を力づけるための道具は、すべてを網羅したリストではありません。私が最もよく体験してきたものを紹介しているだけです。あなたが使命を全うするために必要な装備は、すべて神が備えてくださっていると信じてほしいのです。キリストの体が、自分に与えられている使命の偉大さを認識し、その啓示に完全に捕らえられることを願っています。この理解がなければ、自分を力づけるために代価を払おうとは思わないからです。

喜びに驚く

私たちがどのような存在として召されているかを教えるのは、聖霊ご自身です。ですから、人生において、聖霊による明確な促しを受け取ることほど貴重な賜物はありません。残念なことに、長年にわたり、人々は敵がもたらす罪責感と聖霊の促しを混同してきました。聖霊による促しと、敵による罪責感の違いが明確に表れている箇所の一つは、ネヘミヤ記です。

ご存知のように、ネヘミヤはユダヤ人の捕囚の民を導き、エルサレムの城壁を建て直し、バビロン捕囚の後に町を築き上げる働きを進めました。ある日、民が長年聞いていなかった律法の書を、長老たちが朗読して説明しました。民は神との契約を新しくするためにその日を定め、長老たちの話に耳を傾けたのです。

人々は律法の基準がどれほど高いか、そして自分たちの生活がどれほど律法の基準からかけ離れていたかを理解しました。自然に涙が溢れ、泣き始める人たちがいました。しかし、ネヘミヤと指導者たちは、この応答が聖霊の促しに応じたものに変わるように、人々に忠告を与え、導きました。

総督であるネヘミヤと、祭司であり学者であるエズラと、民に解き明かすレビ人たちは、民全部に向かって言った。

「きょうは、あなたがたの神、主のために聖別された日である。悲しんではならない。泣いてはならない。」

民が律法のことばを聞いたときに、みな泣いていたからである。

さらに、ネヘミヤは彼らに言った。

「行って、上等な肉を食べ、甘いぶどう酒を飲みなさい。何も用意できなかった者にはごちそうを贈ってやりなさい。きょうは、私たちの主のために聖別された日である。悲しんではならない。あなたがたの力を主が喜ばれるからだ。」

レビ人たちも、民全部を静めながら言った。

「静まりなさい。きょうは神聖な日だから。悲しんではならない。」

こうして、民はみな、行き、食べたり飲んだり、ごちそうを贈ったりして、大いに喜んだ。これは、彼らが教えられたことを理解したからである。（ネヘミヤ八・9〜12）

教会生活を長く送っている人たちは、神が教えられた基準に達していない生活をしていた事実に気づく時、悔い改めの証拠として、泣くことが唯一の正しい反応だと思いがちです。そして聖さというのは、喜びよりも、涙や悲しみや神妙な態度と関係があると思い込んでいます。

こうした価値観の偏りによって、鬱の人を「預言者」や「とりなし手」であるとみなすといった間違った判断を下す結果が生じています。ところが、エルサレムの荒れ果てた町を再建するネヘミヤの物語の中では、聖さがむしろ喜びやお祝いと関係があることを学びます。祭司が公に聖書を朗読する間、人々は泣くことを禁じられました。聖書の基準に従って生きていなかったのを認めた人たちなのに、悲しんではいけないと言われたのです。

泣かないようにという忠告を受け、むしろ喜び、宴会をし、祝うようにと命じられました。これは驚くべき指示ではないでしょうか。神の聖さへの召しを理解した罪人たちに、喜び祝えと勧めています。

キリストにある高い召しに届いていない面を示すのが聖霊の働きであるという間違った認識から、悲しむのが促しに対する最善の応答であるという誤りが生まれます。もちろん、聖書に書いてある通り、敬虔な悲しみは私たちを悔い改めへと導く働きがあります。悲しみにも果たすべき役割があります。

しかし、神が私たちの失敗に怒る厳格な方だという誤った見方をしていると、変革へと導いてくださる神と出会う機会を逃してしまうのです。聖くなるために、肉的に神妙な態度を取る習慣を身に付けてしまうことさえあります。その結果、神の恵みの豊かさを誤解し、間違った適用をしてしまいます。恵みは罪を赦すだけでなく、キリストに似た生き方ができるように力を与えてくれるものです。

神が私たちの足りなさに怒っておられるので、私たちは悲しまなければならないという考え方は、「兄弟たちの告発者」と呼ばれる敵が欠点を非難し、絶望的な罪人であると訴える機会を許してしまいます。こうしてサタンの非難を、聖霊による罪の示しと混同してしまうのです。

焦点を変える

本当の問題は私たちの欠けがどこにあるかではなく、神が語られる言葉にどう応答するかです。神の答えよりも自分の問題に捕らわれていると、聖霊の促しよりも敵から来る罪責の念に引き込まれてしまいます。問題ではなく、神の答えに焦点を当ててください。

確かに聖霊が私たちの足りなさに光を当てて示してくださることはあります。しかし聖霊が光で照らされるのは、私たちが本来の使命に歩んでいないという点を強調するためではなく、むしろ私たちに与えられている本来の使命がどれほどすばらしいかを示すためです。

次の御言葉は、多くの人が知っている有名な箇所です。

すべての人は、罪を犯したので、神からの栄誉を受けることができず、ただ、神の恵みにより、キリスト・イエスによる贖いのゆえに、価なしに義と認められるのです。（ローマ三・23〜24）

キリスト教の中で、しばしば前半の箇所が強調され、神の栄誉から落ちた人間の姿が描写されます。どれほどすばらしい神の栄誉にあずかる存在であるかという点は強調されないのです。しかし聖霊は、自分の罪と限界に注目するのを止めるようにと促されます。

「あなたはもっと優れた栄光のために召されています。頭を上げ、もっと高い所を仰ぎ見なさい。」と語られるのです。

このような価値観の変革は、自分の力では不可能に見えるかもしれません。だからこそ、神に近づき、恵みによってその使命にふさわしく歩めるように助けていただくのです。

聖霊が心に働かれる目的がわかったなら、人生で直面する試練にどういう意味があるのかも理解できるようになるでしょう。本当のテストは私たちの強い所に挑戦してくるのではなく、弱さを暴き出します。ダビデの最大の試練は、ゴリヤテとの戦いではありません。失望に落ち込んだ時に、どうやって自分を力づけるのか、というテストでした。

実際、クリスチャン生活の中で直面する戦いのほとんどは内面の戦いです。私たちが間違った考え方を改め、古い行動パターンを抜け出し、聖霊によって内側を一新される時、人生を通して流れる恵みを邪魔する敵の脅かしは、驚くほど力を失っていくのです。

しかし、すでに述べたように、私たちが忘れやすいのは、神はすべての戦いに対する備えを与えてくださるということです。試練を通して弱さが暴き出される時、神はその問題に対処する備えもすでに与えてくださっているのです。イスラエル人たちが自分の足りなさに気づいても喜ぶようにと命じられたのは、そのためです。聖霊は彼らの高い召しを教えられただけでなく、約束を備えられました。

主を喜ぶことは、あなたがたの力です。（ネヘミヤ八・10）

つまり、私たちを喜んでくださる主の喜びこそが、私たちが高い召しに応じて歩むための力を産み出すのです。どうすればその喜びを手に入れることができるでしょうか。喜ぶことを選択するのです。体も魂も神の約束に一致させ、喜びを選び取る時、その態度が神の約束を実現へと導きます。

神は聖霊の促しに対してなぜこのような応答を求められるのでしょうか。それは信仰を要する態度だからです。宝くじに当たった時に喜ぶのに信仰は要りません。しかし実際の勝利を見る前に喜ぶには、信仰が必要なのです。

受け取る姿勢

神が与えてくださる約束を受け取るためには、六章で述べたように、私たちの姿勢が鍵を握っています。イエスは弟子たちにこう命じられました。

さあ、わたしは、わたしの父の約束してくださったものをあなたがたに送ります。あなたがたは、いと高き所から力を着せられるまでは、都にとどまっていなさい。（ルカ二四・49）

この約束とは、魂の救いに関する約束ではありません。イエスは以前に、弟子たちに息を吹きかけ、「聖霊を受けよ。」と言われました（ヨハネ二〇・22参照）。それは父なる神が最初にアダムを創り、息を吹きかけられたのと呼応する出来事でした。詩篇に記されている約束の成就に関する創造の業であると理解できます。

次のことが、後の時代のために書きしるされ、新しく造られる民が主を賛美しますように。（詩篇一〇二・18）

救いの出会いを通して、私たちは新しい創造を体験します。ですから、弟子たちが明確な新生を体験したのは、この息を吹きかけられた時であったのではないかと私は思います。ペンテコステで聖霊を体験したのは、新生の後のことです。救いを通して罪という借金（赤字）が解消されました。ペンテコステは、いわば黒字に転換する出来事です。ただ赦されただけではなく、力強く周りの人たちに奉仕し、分け与えるものを受け取ったのです。

それでは、救いとペンテコステ体験の間に、何が起こるのでしょうか。

この人たちは、婦人たちやイエスの母マリヤ、およびイエスの兄弟たちとともに、みな心を合わせ、祈りに専念していた。（使徒一・14）

「専念していた」と訳されている言葉には、「熱心に注意を向ける。あきらめずに続ける。絶えず備えをしておく。」といった意味が含まれています。弟子たちは、イエスの約束は放って置いても成就するとは思いませんでした。「エルサレムで待ちなさい。」というイエスの命令は、ぼんやりといつものように過ごして待つという意味ではないと知っていました。

一つの場所に集まり、約束の成就を求めて祈っていました。ペンテコステの日に天が地に侵入したのは、一〇日間、地が天への侵入を試みた結果でした。約束を握って祈り、信仰をもって天を攻めた結果、聖霊の注ぎかけを受ける準備ができ、ペンテコステの出来事を呼び寄せることができたのです。

栄光のために創られた

弟子たちは屋上の間で、自分たちを力づけていました。主にあって自分を力づけるとは、主の約束を実現へと導き、受け取るために自分自身を整えることです。

物理的に「天に侵入する」方法を考えてみましょう。宇宙飛行士が地球の大気圏を突破した後、宇宙の真空状態の中で耐えられるように、加圧された宇宙服で身を覆わなければなりません。それがなければ、体は瞬間的に爆発してしまうでしょう。

もし私たちが神の栄光の領域に入ろうとするなら、同様の備えが必要です。栄光と訳されている言葉は、文字通りには「重み」という意味です。栄光の雰囲気の中を歩み、栄光を運ぶ器となるためには、充分な力をつけるために内側から圧力を加えなければなりません。

神の栄光を運ぶのは、クリスチャンの創られた目的です。死んだ時に天国に行けるためにだけ救われたのではありません。むしろ、今から天の現実を歩み、キリストと協力して働き、地上に御国を築いていくためです。

教会は大宣教命令の内容を水で薄めてしまいました。主は国々を弟子とし、主の栄光を知る知識が全地を覆うように命じられたのに、初代教会が体験した真実な聖霊のバプテスマを守り、引き継ぐために戦い抜かなかったのです。

使徒の働きを読めばわかるように、このバプテスマは一回切りの体験ではなく、繰り返される出会いであり、その度に力が増し加わり、イエスが教会に与えられた召しを全うさせるものです。使徒の働きの二章で屋上の間に集まっていた人たちが、使徒の働き四章二九節から三一節において、再び聖霊の注ぎかけを体験しています。

救いの時点で、聖霊は私たちの内側に住んでくださいます。神に「アバ、父よ」と呼びかけることができるようになり、神の心の近くにいつでも進み出る特権が与えられました。こうした体験を通して、地上にいながら神の御国と御心を知るようになります。

しかし、父なる神を知り、神が願っておられることがわかっても、それだけでは充分ではありません。神の計画は、神の子供たちがイエスの十字架を通して与えられた権威を地上で現し、すべての創られたものに自由と解放をもたらすことにあります（ローマ八・19〜21参照）。聖霊は私たちの内に住まわれるだけではありません。地上の苦悩に対して天からの解決をもたらすために、イエスの上にあったのと同じ油を注ごうと、私たちの上に降ってくださるのです。つまり、御国の力を現すために聖霊は来られました。このような継続的なバプテスマを、私たちは必要としています。

二〇世紀には再び聖霊が教会に臨み、このバプテスマを追求する人々を世界中に起こしてくださったのを見て感謝しています。しかし、一回切りの体験で満足し、この栄光に満ちた油注ぎを求め続けるのを止めてしまう人が多いのは、残念でなりません。聖霊との出会いを通してしるしと不思議議を伴う働きを始めた人たちは、一生の間、さらなる出会いを求め続けなければならないことを知っています。

また祈り抜いて勝ち取っていくだけでなく、与えられた聖霊の恵みを管理しなければなりません。リバイバル集会などで聖霊の注ぎかけを体験する多くの人は、どのようにそれを管理し、保ち続けるかを知らないので、また同じ場所に戻って再び満たされようとします。このような考え方では、神が御国を建て上げられる方法を根本的に理解していないと言えます。

どのように御国は来るのか

ある時イエスは、どのように御国が来るのかについて、弟子たちの誤解を指摘されました。イエスはご自身の宣教に伴う多くのしるしと奇跡によって、「神の国が近づいた」というメッセージが真実であることを証されました。弟子たちはそれを見たにもかかわらず、誤解をしていたのです。

人々がこれらのことに耳を傾けているとき、イエスは、続けて一つのたとえを話された。それは、イエスがエルサレムに近づいておられ、そのため人々は神の国がすぐにでも現れるように思っていたからである。（ルカ一九・11）

そこでイエスは、しもべたちにいくらかのお金を預けて旅に出る高貴な人のたとえ話を語られました。高貴な人が戻って来た時、預けたお金をどのように用いたかと一人ひとりに問いかけます。そして、いかに与えられたものを管理し、有効に用いたかに応じて、高貴な人の管轄下にある町々を治める権威をしもべたちに授けます。

たとえば、一〇ミナを用いてさらに一〇ミナを儲けた人には、一〇の町々を任せます。しかし、お金を投資せずに隠したしもべは、持っているものを取り上げられ、厳しい叱責を受けます（ルカ一九・12～27参照）。このたとえ話を通して、イエスは神の国が訪れる仕組みを教えられました。

神の国は一瞬に訪れるのではなく、神に仕える人たちが受けた油注ぎを管理し、用いていく時に、少しずつ増え広がるのです。国や町は、もともと神に属しているので、私たちはそれを奪い取るのではありません。

だから神は、こう言われています。

わたしに求めよ。わたしは国々をあなたへのゆずりとして与え、地をその果て果てまで、あなたの所有として与える。（詩篇二・8）

この詩篇によると、神に求めるなら、相続地として国々が与えられます。私たちの役目は、神が権威を任せるほど信頼に足る人になることです。神の目的を果たし、正しい影響力をもって国々や諸都市、町々などを管理する忠実な人になるのです。すでに与えられたものに忠実な人は、次第に多くのものを任され、御国が増え広がるのを体験します。

それでは神が与えてくださったものを、どのように管理するのでしょうか。聖霊によって生まれた願いと約束が成就するために、備えられた道具を用いて戦うのです。思いと行いが聞いた御声に沿うように、信仰と従順のステップを踏み出すことも大切です。

福音の説教者になりたいなら、車の中で自分に向かって説教を語るのが最初の一歩かもしれません。小さな始まりかもしれませんが、信仰において大事なのは、今どこにいるかよりも、どこに向かっているかです。そして信仰があるなら、身体を用いた従順によって霊的な前進が起こるのを理解できるでしょう。

変革への旅路を歩み続けたい人は、信仰によって失敗への恐れを克服しなければなりません。ネヘミヤ記から学べるように、神の約束と願いが実現するためには、その祝福を受け入れる器へと、人格的に成長する必要があります。器が拡大され、神のように生き、神のように考える者へと変えられるのです。

変革するための力を神が与えてくださらないとしたら、いつまで経っても約束を受け取る資格を手にすることはできません。しかし復活のキリストの御霊が私たちの内に住んでくださるので、神の約束と願いは人格的な成長と打ち破りをもたらす鍵となります。約束に応答して信仰の一歩を踏み出すなら、弱点と思っていた部分に光が当てられ、その部分で最も偉大な勝利を体験できるのです。

切なる願いから信仰へ

長年の間、私は「奇跡をなさる神」を説教で語っていましたが、実際に奇跡を見ることはありませんでした。いくら良い神学を持っていても、体験がその神学を否定しているとしたら、何の益もありません。初めの頃、私はこの点で悩んでいましたが、次第に聖なる妬みにかられるようになりました。

その頃、ビンヤードの運動を通して、ジョン・ウィンバーや他の牧師たちが奇跡的ないやしの働きで用いられるようになったのを聞きました。この葛藤に満ちた時期に、親友のマリオ・ムリロ牧師が預言的な言葉を語ってくれました。私が将来、油注ぎを受けていやしと奇跡のミニストリーをするようになると言うのです。

私はこの言葉を信じ、書き写し、定期的に読み返して自分に向かって宣言しました。十数年前から油注ぎが強くなり、主は預言の言葉を成就してくださいました。福音を伝える時、常にいやしと奇跡が伴うようになり、その油注ぎはますます強くなっています。

最近、マリオ牧師と久しぶりに会う機会がありました。私は預言の言葉を書き写した縦三センチ横五センチのぼろぼろに擦り切れたカードを見せました。私がその言葉を握って格闘してきたのを知っているマリオ師は、「あなたはハンナのような人だ。」と言いました。

ハンナは子供を切に願っていましたが、不妊に悩んでいました。苦みと失望にうち沈む代わりに、ハンナは心を注ぎ出して主に祈りました。それは信仰の祈りでした。願いを完全に主に委ね、捧げる決心をしたのです。彼女はその願いに燃えていたので、周りの人が自分をどう見ているかなどという意識は消えていました。

長い間いやしと奇跡を見なかった不妊の時代に、主はハンナと同じような痛切な願いを私の内に植え付けられたのです。もはやどんな誤解をされても構わないと思うほどに、いやしと奇跡を求めるようになりました。その約束を握って信仰の祈りを捧げる間に、いやしの賜物が与えられたなら、完全に主のためにだけ用いるという強い決意が生まれました。この決意を神は見ておられ、信頼に足る器として、約束が実現するための準備が整ったと認めてくださったのです。

イエスのタラントの教えからもわかるように、「タラント」を任されてから、どのように活用したかを報告するまでの期間は不明です。私も預言が成就するまで、どのくらいの期間祈り、病人に手を置き続けなければならないのか、全くわかりませんでした。しかし、始めた旅路を止めるつもりはありませんでした。他に選択の余地はなかったのです。

約束を求め続けていたので、毎日勝利の日が近づいていると信じました。約束を受けたということは、あきらめない限り、いつか必ず成就するという保証をいただいているのです。約束された油注ぎを受けても充分に管理できる備えが私のうちにできたかどうかを主が査定してくださり、時がくれば任せてくださいます。

神は私たちの成功を願われる

目標をしっかりと見据えていなければ、小さな始まりを軽んじてしまうでしょう。目標が定かでないと、始まりからどのくらい進歩しているかを測ることもできません。御国が完全に来るその時まで、神が与えてくださった可能性をゴールに据え、すでに受けた恵みを深く感謝しつつ歩むのです。

旅路の次の段階に備えて、必要な道具はすべて受け取っているという認識を持つ必要があります。神は私たちが成功することを願っておられるからです。

神は私たちが成功するようにと、準備してくださいます。国々を弟子とするように命じられました。不可能な使命に見えます。しかしイエスは「国々が慕い求める方」であり、私たちの内側に住んでくださる方です。国々を弟子とするという不可能に見える任務を遂行できるように、備えをしてくださるのです。

キリストの似姿に変えられる程度に応じて、キリストを外に表すことができます。このために、キリストのようになるという願いがクリスチャン生活の目標となり、情熱とならなければなりません。キリストがどのような方であり、何をしてくださったかを知り、神の愛と力を実際に味わうなら、熱い願いが心に生まれます。イエスご自身と似ていない部分が自分の内にあるのを許すことはできなくなってくるのです。

この熱い願いが心を完全に捕らえ、キリストの形に変えられるまであきらめない決意をする必要があります。キリストのようになるなら、その時こそ、まさに世が求めている存在になるのです。

人格的な変革を志す

自分自身を力づけることを学ぶ最大の動機は、イエスの似姿に変えられたいという情熱です。誰も私の代わりに私の使命を果たすことはできません。誰も私への約束を代わりに受け取ることはできません。

自己満足に陥っている状態の人が、聖霊のバプテスマを引き寄せることは有り得ないでしょう。便利で快適な生活に満足している人ではなく、意思と信仰を働かせて、神にとって大切な何かを求める人にだけ与えられる祝福があります。

ある時、イエスは弟子たちが嵐の中でもがいているのをご覧になりました。イエスは湖の上を歩き始められました。しかし、まっすぐ弟子たちの所に向かったのではありません。聖書はこう記しています。

イエスは、弟子たちが、向かい風のために漕ぎあぐねているのをご覧になり、夜中の三時ごろ、湖の上を歩いて、彼らに近づいて行かれたが、そのままそばを通り過ぎようとのおつもりであった。（マルコ六・48）

弟子たちが叫んで初めて、イエスは弟子たちの方に顔を向けられました。神はいつも、私たちの手の届く範囲の所で、手を差し伸べようと待っておられます。

神はすでに、圧倒的な愛で私たちを追い求めてくださいました。その深さを測るには、永遠が必要でしょう。しかし、私たちの方からも神を呼び求めるようにと、機会を備えてくださるのです。ここで信仰が必要となります。

主が「あなたを抱きとめる」と言われたら、私たちは主に向かってジャンプしなければなりません。その時初めて、主は約束通り抱きとめてくださいます。不可能な業を行うために、超自然的な力を主は約束してくださいました。しかし、信じて踏み出さなければ、その約束の成就を体験することはありません。

讃美の奉仕者であったコラの息子たちは、力と人格において成熟に至るまでの過程について、うまく描写しています。

なんと幸いなことでしょう。その力が、あなたにあり、その心の中にシオンへの大路のある人は。彼らは涙の谷を過ぎるときも、そこを泉のわく所とします。初めの雨もまたそこを祝福でおおいます。彼らは、力から力へと進み、シオンにおいて、神の御前に現れます。(詩篇八四・5

～7）

涙の谷とは、人生で直面する様々な試練、損失、危機、欠乏、痛みなどを表しています。主を力とし、主の大路を歩む人、すなわち神が与えてくださった信仰のレースを走り、その召しと使命を全うしようと志す人は、失望の谷を祝福の泉に変えることができるのです。

困難な状況や個人的な弱点によって、信仰と情熱のレベルを下げない決意をしましょう。そうすれば、すべての状況において勝利の秘訣を発見します。自然の環境による限界に縛られるのではなく、乾いた不毛の地から主に叫び声を上げるなら、私たちの人生にすでに注がれている聖霊の水が、表面に浮かび上がってくるのです。乾いてひび割れた地面を掘っていくうちに、水を発見するようなものです。

この水は大きな活気を与える泉です。最も乾いた環境という表面の下層には、この水の流れが横たわっています。覚えていらっしゃるでしょうか。イエスは私たちの心の奥底から、生ける水の川が流れ出すと約束されました（ヨハネ七・38参照）。乾いた不毛の地を歩く試みの時に、あなたを支えるために聖霊の水が注がれるのです。

これが真実であると信じることは非常に大切です。私たちはいつでも、決して水から遠く離れた所にいるわけではないと意識するためです。弱さの中で神の約束に対する心からの情熱をかき立てるなら、新しい油が注がれ、聖霊の水で覆われるようになります。乾いた時に地下の泉を発見する人は、雨を呼び寄せます。水は水を呼ぶからです。

過去の聖霊の働きを正しく管理するのは、乾いた地を掘る作業です。その結果として、これから来る水の注ぎかけを体験するようになります。これが御国の管理の法則です。人生の乾いた部分、かなわなかった夢や大きな失望を通して、内側の聖霊の井戸を汲み出します。聖霊はいつも内住してくださり、命の泉を与えてくださると信じるのです。

約束された方は真実な方です。この原則に忠実に従う人たちは「力から力へと進み」、やがては目的地に辿り着きます。そして「シオンにおいて、神の御前に」現れるとは、ただ死んだ時に天国に行くという意味ではなく、今地上にいながら、天国の臨在を運ぶ人になるという意味です。

涙の谷

二〇〇三年、ランディ・クラーク牧師と彼が率いる国際アウェイクニング・チームと一緒にブラジルに伝道旅行に出かけました。その旅行中に、父が簡単な手術を受け、その途中で膵臓癌《すいぞうがん》が発見されたという知らせを聞きました。私はブラジルの働きを早めに切り上げて帰国し、父のいやしのために祈る家族のもとに戻りました。

父はいつでも私を励ましてくれる存在でした。私に対してだけでなく、周りのみんなを励ましていました。まさにバルナバ（励ましの子）でした。家族として当然父が生きることを願っていただけではなく、カリフォルニア州レディングで神がなさっている働きにおいて、まだまだ父の助けが必要でした。私がレディングで牧師になる二〇年以上も前に、父がベテル教会の方向性を定めてくれたので、その実を見てほしいと願っていました。

神がヒゼキヤ王に与えられた奇跡を、父のために繰り返してほしいと祈りました。ヒゼキヤは死を前にして神に祈り、一五年寿命を延ばしてもらったのです。神は人を偏り見ない方であり、昨日も今日もいつまでも変わらない方ですから、これは適切な祈りであると思いました。

大勢の人々が加勢し、ヒゼキヤに与えられた寿命の延長が父にも与えられるようにと祈ってくれました。実際、私が会ったことのない一人の女性は私の父への約束として、同じ「ヒゼキヤの奇跡」のために祈るようにという語りかけを主から受けたと伝えてくれました。私は喜びをもって、その言葉を受け取りました。

数年にわたり、ベテル教会は癌のための祈りにターゲットを当ててきました。癌は教会と生ける神を嘲笑うゴリヤテのように立ちはだかり、私は主の御名への挑戦に対して義憤を覚えていました。癌が主イエス・キリストの御名より大きいことは絶対にありません。教会の会員たちや、教会のミニストリーに触れた外部の人たちも、癌にかかっていた大勢の人たちがいやされました。

実際、癌をいやされた市内のある人たちは、「ベテルに行けば癌なんか治るよ」という噂を広めていました。もちろん、教会を訪れるすべての癌患者がいやされているわけではありません。しかし私たちは、さらなる打ち破りを求め続け、いつかは教会が完全に「癌のない空間」となる日を夢見て信じています。

癌を患うたくさんの人々が目の前でいやされるのを見ながら、六カ月の闘病の後、父は癌で命を落としました。私は個人的な涙の谷を体験したのです。六カ月間、重さ一〇〇〇ポンドの岩を押して戦ってきたように感じました。その岩が動くことはありませんでした。

失望が心に入り、神のいやしを受けないなら、霊的な病気になります。

期待が長びくと心は病む。望みがかなうことは、いのちの木である。（箴言一三・12）

失望に心を捕らわれると、霊的に盲目になり、神の御手がともにあって働いてくださるのに気づかなくなります。

主にあって自分を強くすることにより、思い煩いから離れ、大切な発見をすることができました。一〇〇〇ポンドの岩の隣に五〇〇ポンドの岩がありました。それは父の病気と格闘する前は動かせなかった岩です。闘いを経て、神の使命に歩み、強い忍耐と決心をもって進んでいく力が培われました。焦点を変えずに堅い志をもって歩み続けた結果、以前は動かせなかった五〇〇ポンドの岩が動くようになったのです。

箴言一三章一二節に記されている失望の病から自分を守るために、心の態度を見張りました。これは涙の谷を喜びの泉に変える一つの方法です。人生のすべての問題は心から流れ出すからです。（箴言四・23参照）

神の思いでない思いを、心に入れておく余裕はありません。神が癌を人に与えるという考えは大きな誤解です。癌はもともと神が持っているものではありません。父が癌になったのは、神のせいではありません。人生のどのような災いも、神が原因で起こるのではないと信じます。

私たちは罪と葛藤に満ちた世界に生きています。災いは起こるものです。「なぜか」を理解はできなくても、神や神の契約に問題があって起こるわけではありません。

神は災いさえも用いて、神の栄光を現すことのできる方です。だからと言って、その災いが神によって引き起こされたわけではありません。人生に起きるすべてが神の御心であると思わないでください。人は神を責めるのを止めなければなりません。

奇跡のライフスタイル

神学の礎石となるのは、「神はいつも良い方であり、常に良い賜物だけを与えてくださる方」という事実です。常に忠実であり、約束を守られる方です。神の中には一寸の暗闇も悪もありません。

神の慈しみと真実のゆえに、私たちは神を誉め称えます。状況がそう見えない時こそ、神の優れた性質を誉め称えます。父の死を通して、永遠の世界では捧げることのできない「讃美のいけにえ」を捧げる特権にあずかりました。悲しみ、失望、混乱の中で捧げる讃美は、今捧げなければ、永遠にできない讃美です。天国には悲しみも失望もないからです。このような讃美のいけにえは神にとって芳しい香りであり、今の人生の間しか捧げる機会はありません。

奇跡を求めて、その答えを得られなかった時、落ち度があるのは神ではありません。弟子たちがそう考える誘惑にかられた時、イエスは知恵のあるアドバイスをされました。

すると、イエスは言われた。「この種のものは、祈りと断食によらなければ、追い出すことはできません。」（マルコ九・29新欽定訳）

祈りと断食をする時、特定の奇跡や問題の解決を求めるだけで、奇跡のライフスタイルを求める人は多くありません。イエスはこの奇跡のために断食して祈ったのではなく、普段から祈りと断食を生活に取り入れていたので、必要な時に必要な奇跡を体験できたのです。

ある状況の中で一回切りの問題解決を求める態度を改め、奇跡を継続的なライフスタイルとすることを目指しましょう。私たちの周りの世界は、そのような天国の力が現れるのを待ち望んでいます。

キリストに似た奇跡の生活を追い求める際に、私たちの不足によって求めていたものが実現しなくても、恥や罪責感を抱かず、しかも神を責めないことを学ばなければなりません。祈りが答えられないように見える時、論理的な説明をつけるために「神が良い方」という真理を曲げてはいけません。自分の力不足と未熟さを実感したとしても、さらに打ち破りを信じて神を追い求める踏み石とするのです。

自分の足りなさによって悲劇を体験した人は、後悔や自己批判に陥りやすいものです。後悔は教会の命を奪うので、早めに対処しなければなりません。イエスの血で覆い、後ろのものは忘れて前に進むのです。

残念な結果になった時は、他の人のために神の正義を求めましょう。父のために求めたいやしの恵みを続けて追い求めるのですが、今度は同じ必要を持つ他の人のために祈るのです。神の正義の法則によると、盗人は盗んだものを七倍にして返さなければなりません。私は父の死を通して、癌のいやしのために以前の七倍の油注ぎを求めています。

興味深いことに、本章の執筆をちょうど終えようとする時、ベテルの働きを通してもう一人の方が癌からいやされた報告を受けました。父と同じ膵臓癌でした！　これが神の正義です。

召集された人々

私たちは招かれています。神はこの時代に、教会にすばらしい刷新を与え、失われた人たちを救い、大いなる御力を現そうとされています。かつてないほどに注がれる恵みを通して、父なる神はこの世代の息子や娘たちを、成熟の道へと召しておられます。

個人的な打ち破りのために神とともに闘い、より大きな御国の力を運ぶ器へと成長し、周りの人々にその恵みを分かち合う人になるように。これは目の前に置かれた競走です。主にあって自分を力づけることを学び、忍耐をもって走り抜こうではありませんか。

第十章　私が見張っている間

†キリストによって、あらゆる嵐に対する権威が与えられている†

主はすべての人を弟子にするという使命を、私たちに与えられました。その使命は、弟子とは何かを知ることによって始まります。イエスは、自分に従って来るためには何が必要なのかを、明確に語られました。

自分の十字架を負ってわたしについて来ない者は、わたしにふさわしい者ではありません。

（マタイ一〇・38）

イエスが語っておられるのは、自分の罪のために罰を受けなくてはいけない、という意味ではありません。それはすでに、イエスご自身が十字架の上で行われました。自分の十字架を負うというのは、人生がもはや自分のものではないという事実を受け止めることです。

ローマ人への手紙一四章七節には、このように書かれています。

私たちの中でだれひとりとして、自分のために生きている者はなく、また自分のために死ぬ

者もありません。

イエスの十字架は、御自身の問題に関するものではありませんでした。父なる神の御心を行い、私たちを贖い出すのがイエスの負われた十字架です。同じように、私たちの十字架も私たち自身のためではなく、キリストのための人生を歩むことです。そしてキリストの働きがこの世で完結するように、自分たちの役割を果たすのです。

個人から全体へ

ダビデはその人生を通して、個人的な打ち破りは、周りにいる人々にも及ぶ全体的な油注ぎを解放することを証明しています。キリストの十字架もそうです。それはご自身の個人的な打ち破りでした。十字架の使命から遠ざけようとする邪魔、誘惑、妨害などを乗り越えて、偉大な力を要する従順を成し遂げられました。その従順は、歴史上最大の油注ぎを広範囲にわたって解き放つことになりました。人類全体に対する救いがもたらされたのです。

同じように、私たちが十字架を抱く時に祝福が注がれます。イエスの救いを周りの人々が体験し、祝福されるだけではありません。私たちの献身により、地上にあるキリストの領地（相続地）が増えていくので、主御自身も祝福されるのです。

パウロはこう言っています。

もし子どもであるなら、相続人でもあります。私たちがキリストと、栄光をともに受けるために苦難をともにしているなら、私たちは神の相続人であり、キリストとの共同相続人です。

（ローマ八・17）

イエスは自分の死と甦《よみがえ》りにより勝利するため、暗闇の勢力と戦い、人類の罪と死による支配に抵抗されました。同様に、クリスチャンとして十字架を背負い、信者として苦しみに耐えなければならないことがあります。キリストによって相続した地から敵軍を消し去る使命が与えられているので、その敵からの圧迫と戦わなければならないのです。

敵から領地を奪回するために与えられた力と権威を用いれば用いるほど、私たちの人格は強められ、神の国を建て上げていくための影響力と能力が高められていきます。単に独裁者を縛り上げ、家の中から追い出し、奪われた地を取り戻すだけではありません。その領地において、天の祝福をもたらす力ある御国の使者として立ち上がることができるのです。

イエスがマルコの福音書四章で弟子たちに伝えようとしていたのは、このことでした。イエスは弟子たちに湖のこちら側のミニストリーを片付けて、神の国の福音を聞いたことがない反対側に行く時だと言われました。反対側に向かう時に､彼らを飲み込もうとする嵐に遭ったのです。イエスは一言でその嵐を静め、船は無事目的地に辿り着きます。

岸に着いた時、悪霊にとりつかれた狂人が山らから降りて来て、イエスを称え始めました。イエスが悪霊を追い出そうとすると、その悪霊は自分のいる地域から追い出さないでくれと懇願しました。これは、その男に宿っていた悪霊が、その地域に対する権威を持っていたことを表しています。その悪霊こそが地域を支配する霊として君臨し､混沌と騒ぎをもたらしていたのです。

イエスと弟子たちがその地域に入って来るのを妨げるために起きた嵐は、悪霊の力の現れでした。しかし悪霊の力は、男がイエスを称えるのを止めることはできませんでした。そうです、どんな悪の力をもってしても、イエスを讃美するのを止めることはできません。その男は讃美を通して、御国の優れた権威のもとに導かれ、地域を支配する力は失われました。

この場所で起きた騒ぎがあまりにも強烈だったので、人々は恐れ、イエスと弟子たちにその場所を去るようにと願い求めました。イエスは、新たに回心した男が故郷を離れてついて来るのを拒まれました。そこが生まれたばかりの信者にとっては、あまり好ましくない場所であったにもかかわらずです。ついて来るのではなく、その地域に対して福音を伝える働きをするようにと使命を与えられました。

「あなたの家、あなたの家族のところに帰り、主があなたに、どんなに大きなことをしてくださったか、どんなにあわれんでくださったかを、知らせなさい。」（マルコ五・19）

時を経て、イエスが再びそこを訪れられた時、町中の人々がイエスの言葉を聞くために集まりました。一人の人がイエスに出会うという出来事を通して、周りにいるすべての人たちが、神を拒絶する者から神を求める者へと変えられたのです。

不信仰な者の祈り

これはすばらしい物語ですが、私たちはしばしばある重要な部分を見逃しがちです。イエスは嵐を静めた後、自分の弟子たちの方を向いて、こう語られました。

「どうしてそんなにこわがるのです。信仰がないのは、どうしたことです。」（マルコ四・40）

多くの人は、この反応は多少過剰ではないかと感じるでしょう。自分の問題について神に頼るのが私たちの仕事で、それに答えて問題を解決するのが神の仕事だと考えるからです。しかしここでイエスは、「今私が行なったのは、本来ならあなたたちが自分でするべき働きです。」と言われたのです。

イエスは弟子たちに、自分はいなくなったほうが良いのだと伝えられました。そうすれば父なる神が、内に宿るための聖霊を遣わすことができるからです。つまり、人生の嵐に直面する時、船の中で寝ておられるイエスの傍にいた弟子たちよりも、私たちの方が優れた状態に置かれています。私たちの内には、まさにキリストご自身の霊が住まわれているのです。

聖霊の導きに従うなら、いつでも嵐に対しての権威が与えられます。しかし、神に与えられた約束と使命により頼むのではなく、自分たちの命を救おうとする時、個人的な打ち破りの機会を無駄にしてしまうことになります。それだけではありません。私たちの信仰と権威によってもたらされる天の祝福を受け取る機会を、周りの多くの人たちからも奪うことになるのです。

クリスチャンの中には、人生に起こる嵐や世界中に広がる歪んだ状況を見て、自分たちの仕事は死ぬ時まで、あるいは携挙される時まで、その状況に耐えることだと思い込んでいる人たちがいます。しかし、信仰の人は違う見方をします。嵐の中に、人生を変える機会を見出すのです。イエスを通して、私たちにはあらゆる嵐に対する権威が授けられています。

霊的な巨匠と呼ばれる人たちは、歴史の中で最も暗い時代に、その挑戦を受けて立ち上がった人たちです。ジョナサン・エドワーズ、ウィリアム・ブース、ジョン・G・レイク、エイミー・センプル・マクファーソンといった人々は、イエスが行なわれたことはすべて、自分の個人的な使命における模範であることを把握していたキリストの弟子なのです。

この神の器たちは、自分たちの時代における嵐を見据えました。主から正当に与えられた受け継ぐべき領地に現された暗闇の勢力に立ち向かったのです。その嵐を静めるために堅く信仰に立ち、「私が生きて見張っている間には、決してそのようなことはさせない！」と宣言したのです。歴史の方向性を定めることが、自分たちの使命であるとわかっていました。周りの世界を覆う大きな暗闇の力に屈服することを拒みました。人間的には不可能な使命であっても、天を味方につけて成し遂げることができると知っていたのです。

現在進行形のリバイバル

この時代に生きる私たちは、神の人たちに起きた歴史上のすばらしい話を聞いて、ただ驚いているだけではいけません。地域にある霊的な雰囲気を変えていくほどの油注ぎを、イエスは少数の人々にだけ与えようとされたのではありません。船に乗っていた弟子たち全員に、イエスご自身と同じ働きができるようにと訓練されたのです。

すべてのクリスチャンが目の前に置かれている機会を受け止める時が来ています。打ち破りのために戦い、自分の十字架を背負う機会です。それによって、主とともに受け継ぐように招かれている領地を勝ち取るために、充分な油注ぎを受け取ることができるのです。

これを実行していくためには、大きな勇気が必要です。主に示され、聞いたことを遂行しようとする時には、リスクを負う必要があるからです。次の大きなリバイバルが起きるのを待っていたり、預言者が自分を呼んで励ましの言葉をくれるのを期待したりするだけでは、リスクを負うという一歩を踏み出すことはできないでしょう。

自分の内にあるすべての弱点を強化し、恐れを打ち砕いていく責任は、私たち一人ひとりにあります。自分自身が現在進行形でリバイバルを現していく存在にならなければなりません。周りの環境が自分たちの期待通りになるのをただ待っているべきではありません。感謝を捧げ、喜び、主が祈られたように祈り、証と約束の言葉を黙想し、信仰の人々と交流を続けることにより、これらの偉大な業を成し遂げていくのです。

周りにいる人々が同様に行なっている時だけではなく、継続的に、自分のライフスタイルとしてこのような生き方をしていきましょう。神が備えられた道具を利用し、嵐のただ中で必要な勇気と力を手に入れるのです。そうすれば、主にあって自分が何者であるかを知り、神が与えてくださった使命が何であるかを忘れることはありません。

私たちには、勝利のために必要なすべての装備が与えられています。それはただ、いつでも成功するための方法や手段を知っているからではなく、神が私たちとともに、そして私たちの内側に住んでおられるからです。

約束された領地を受け継ぐという召しを聞いて応答し、戦う備えのできたすべての神の息子、娘たちに、神はこう約束してくださっています。

わたしはあなたに命じたではないか。強くあれ。雄々しくあれ。恐れてはならない。おののいてはならない。あなたの神、主が、あなたの行く所どこにでも、あなたとともにあるからである。

（ヨシュア記一・9）

著者のミニストリーへの連絡先

住所

Bill Johnson
Bethel Church
933 College View Drive
Redding, CA 96003

ホームページ

www.iBethel.org
www.BillJohnsonMinistries.com

「神の臨在をもてなす」　価格（1600円＋税）

本書は今まで読んだ本の中で最も力ある本の一つだ。読み終える頃には、自分の人生にもっと神の臨在の現れがとどまることを願って泣き、神に叫び求めていた。かつてないほどの飢え渇きが与えられ、臨在によって特徴づけられた人生を歩みたいと強く思った。皆さんも本書を読むうちに神の臨在を運ぶ能力を増し加えられ、情熱に火がつけられ、新しい天の領域へと導かれることを信じている。（ハイディ・ベイカー師による推薦の言葉）

「神とともに見る夢」　価格（1700円＋税）

教会だけでなく、都市全体に驚くべき変革をもたらしているベテル教会。その働きは神とともに見る夢から始まった。臨在を保つ秘訣を教える前作から一歩進み、神のアイディアを地上に実現するために、本書は具体的かつ実戦的な方法を示している。わくわくするような実例と証を豊富に含めながら、御言葉を深く解き明かし、読者をより偉大な願いとその実現へと誘う好著。

価格（1700円＋税）「お金と幸いなるたましい」

聖書は、罪人の富が義人に移されることを教えている。何百万人もの信じる人たちが現実にその恵みにあずかり、必要な知恵を受け取るために、この本は用いられるだろう。ページをめくるたびに私の心は高鳴り、想像を超えた祝福の世界へと導かれていった。本書は、多くの人が失敗してきた経済の分野において、この世代の人たちが成功を収めるために備えられた傑作である。

ベテル教会主任牧師　ビル・ジョンソン

「スピリット・ウォーズ」　価格（1700円＋税）

クリス・バロトン牧師によるこの本は、単なる理論ではなく、実際に数千人の人々を解放に導いてきた体験に基づく約束に満ちた現実である。鬱や精神病からのいやしや霊の解放など、多くの現代人の悩みに答える実践的な教科書としても用いられるだろう。クリスは自分自身が束縛に苦しみ、さまざま苦難を経てきたので、同じような悩みを持つ人々に最も必要なアドバイスをすることができる。悩めるすべての人たちにお勧めする必読の書。

■著者紹介

ビル・ジョンソン

ビル・ジョンソンは聖霊に関する豊かな霊的遺産を受け継ぐ五代目クリスチャンの牧師である。ビル夫妻はリバイバルのために手を結んでいる多くの教会の群れに仕えている。この指導者たちのネットワークは、教団教派の壁を超え、指導者たちが成功し、神の力と聖さの中を歩むことができるようにと助けている。

ビルとベニ・ジョンソンはカリフォルニア州レディングにあるベテル教会の主任牧師であり、三人の子供たち夫婦もすべてフルタイムの働きに献身している。九人のすばらしい孫にも恵まれている。

励ます力

―主によって強く生きる―

2015年1月15日　初版発行
2017年3月31日　第二版発行

著者　ビル・ジョンソン
翻訳　長田晃

発売所　マルコーシュ・パブリケーション
東京都渋谷区広尾5-9-7
TEL 03-6455-7734　FAX 03-6455-7735

定価　(1700円＋税)
印刷所　モリモト印刷